Training
der Golfmuskeln:
Erfolgreicher Golfen!

Johannes Forthmann

Ein komplettes Handbuch
mit physiotherapeutischen Übungsprogrammen

Unser besonderer Dank gilt der Firma Andresen Golf, Almancil, Portugal, die uns für die Fotoaufnahmen Golfkleidung zur Verfügung gestellt hat.

© Juni 1997
  Hoffmann & Hoffmann GmbH
  August-Schanz-Straße 8/II
  60433 Frankfurt am Main

Hoffmann & Hoffmann

ISBN 3-9804734-6-5 Printed in Germany

Die Deutsche Bibliothek – CIP-Einheitsaufnahme

Forthmann, Johannes :

Training der Golfmuskeln : Erfolgreicher Golfen! / Johannes Forthmann. – Frankfurt am Main : Hoffmann & Hoffmann GmbH, 1997

  ISBN 3-9804734-6-5

Inhalt

1. Einleitung

„Gibt es spezielle Übungen, die ich machen kann?", fragen mich immer wieder Patienten, die zwar gerne Golf spielen, sich jedoch zuweilen mit Rücken- und Gelenkproblemen plagen. Nach über 10-jähriger Erfahrung in der Behandlung von Golfsportlern soll dieses Buch klare Übungsanleitungen geben, um Schäden zu vermeiden und Schmerzen selbst zu behandeln, gleichzeitig aber auch aufzeigen, wie man durch gezieltes Training der Golfmuskeln die Dynamik des Schwunges verbessern kann. In gut verständlicher Form werden Übungen gezeigt, von denen sich viele in praktischer Form an den Bewegungsabläufen dieses Sports orientieren.

Dieses Buch wurde in mehrere Bereiche gegliedert. Im ersten Kapitel werden vereinfacht die biomechanischen Bewegungsabläufe in Gelenken und Muskeln dargelegt. Es soll dem interessierten Leser die wichtigsten Zusammenhänge zwischen den einzelnen Muskelaktivitäten beim Golfschwung vermitteln und ist für das bessere Verständnis der Übungen nützlich. Der praktische Teil beginnt mit denjenigen Dehnübungen, die sich nach meiner Erfahrung als am effektivsten erwiesen haben. Der Abschnitt „Training der Golfmuskeln" gibt spezielle Anleitungen zur Verbesserung der Koordination und Schwungdynamik. Ein weiterer Teil enthält physiotherapeutische Übungsvorschläge zur Behandlung von bestimmten Problemen des Muskel- und Bewegungsapparates, die bei Golfern gehäuft auftreten können. Im letzten Teil werden nützliche Hinweise hinsichtlich richtiger Verhaltensweisen gegeben.

Dieses Buch soll Golfern jeder Altersgruppe und Spielstärke Anregungen sowie Motivation für mehr Freude an diesem Spiel vermitteln. Es stellt eine ideale Ergänzung zum Golfunterricht dar und führt bei richtiger Benutzung schon nach kurzer Zeit zu einer deutlichen Verbesserung Ihres Bewegungsablaufes.

2. Biomechanische Aspekte

„Golf ist Bewegungslehre", sagte einmal ein erfahrener schottischer Golflehrer. Zweifellos sind Körper- und Bewegungsgefühl, Koordination und Muskelelastizität die wichtigsten Elemente des Golfschwunges. Nicht die alleinige Kraftaufwendung, sondern das Zusammenspiel dieser Faktoren sind das Ergebnis eines guten Schlages. Dieses beweist eine Erfahrung, die hin und wieder jeder Golfer macht: „die besten Schläge sind die leichtesten".

Wir wissen, daß bei den einzelnen Schwungphasen verschiedene Körperpartien dominieren und durch ihren zeitlich genau abgestimmten Einsatz die Dynamik des Schwunges steigern. Folglich ist die isolierte Verbesserung der Muskelkraft wenig sinvoll, wenn nicht gleichzeitig die Koordinationsfähigkeit von Muskelgruppen trainiert wird. Das sich steigernde Schwungpotential wird von den großen Muskelgruppen (Gelenken) eingeleitet und setzt sich in Form einer Kettenreaktion bis in kleinste Gelenke fort.

Welche Muskeln spielen beim Golf eine besondere Rolle?

Die vorderen, seitlichen und hinteren Rumpfmuskeln:
Bauch- und Rückenmuskeln

Als „Kraftüberträger" von unterer und oberer Körperhälfte haben diese Muskeln während des gesamten Bewegungsablaufes eine wichtige Bedeutung, weil sie neben ihrer Drehfunktion auch den gleichen Winkel zwischen Rumpf und Beinen halten sollen, der bei der Ansprechposition eingenommen wurde. Eine mangelnde Koordination dieser beiden Muskelgruppen führt häufig zu Problemen im Sinne eines Vor- oder Zurückfallens während des Schwunges.
Auch Rückenprobleme können bei Defiziten entstehen oder zunehmen.

Die Beckenstabilisatoren: **Oberschenkel- und Hüftmuskeln**

Die Zusammenarbeit dieser Muskelgruppen sichert ebenfalls eine gute Balance in jeder Schwungphase, vor allem aber in seitlicher Ebene. Eine wesentliche Bedeutung haben diese Muskeln auch deshalb, weil sie durch ihr gemeinsames Anspannen besonders beim Rückschwung ein Abweichen von der optimalen Schwungachse und damit einen Verlust der Dynamik verhindern (Haltefunktion).
Hier wird die Energie, die später freigesetzt wird, gespeichert.
Sie leiten außerdem eine zentrale Bewegung ein, nämlich das Umschalten von Rück- auf Vorschwung.

In der zweiten Schwungphase sind es überwiegend die Muskelgruppen der linken oberen Körperhälfte, die für die Beschleunigung der Schlägerkopfgeschwindigkeit verantwortlich sind. In der Reihenfolge ihrer Aktivität sind dies die Muskeln des **linken Schultergürtels, des Ober- und Unterarms.** Das Ergebnis ihres koordinierten Einsatzes ist das Gefühl, „durch den Ball zu gehen". Die ohnehin stärker ausgebildete rechte Seite sollte bei diesem Bewegungsablauf nur eine passive Rolle spielen.

Zusammenfassend kann man sagen, daß bei einem korrekten Schwungablauf ein koordinierter Einsatz der Muskelgruppen Hüfte (Bein), Rumpf, linker Schultergürtel und Arm erfolgt.

3. Dehnübungen

Voraussetzung für eine gute Beweglichkeit ist eine ausreichende Muskelelastizität. Sie sichert die optimale Kraftentfaltung und Koordination während des Golfschwunges. Bei vielen Formen der Gymnastik werden Dehnungen mit großem Kraftaufwand und langem Hebelarm durchgeführt. Dabei werden ohnehin bewegliche Körperteile überstreckt und verkürzte Strukturen überhaupt nicht gedehnt. Falsches oder mangelhaftes Training und fehlende Koordination kann zu chronischen Muskelverspannungen und Schäden an Gelenken oder Wirbelsäule führen. Nur ein normal funktionierender Muskel hat eine gute Beweglichkeit. Richtig durchgeführte Dehnungen sind deshalb sinnvoll zur sportlichen Vorbereitung, sie sollten aber auch nach wiederholter sportlicher Belastung praktiziert werden, um die Regeneration des Muskels in der Erholungsphase zu fördern. Außerdem können sie zur Selbstbehandlung von schmerzhaften Verspannungen eingesetzt werden. Muskeldehnungen in Kombination mit Kräftigungsübungen verbessern die Leistungsfähigkeit und das Bewegungsgefühl des Körpers und helfen Ihnen dabei besonders, die richtige Kombination aus Kraft, Koordination, Beweglichkeit und Tempo zu finden, die gerade bei diesem Sport eine entscheidende Rolle spielt.

Um ein optimales Ergebnis zu erzielen, sollte ein großer Teil der Dehnungen vor dem Spiel schon zu Hause durchgeführt werden. Hier findet man die geeigneten Voraussetzungen und die Ruhe für eine gezielte Vorbereitung. Weitere Dehnungen können dann unmittelbar vor dem Spiel erfolgen. Vor Beginn eines jeden der hier dargestellten Programme sind leichte Aufwärmübungen in Form von Lockerungsbewegungen (z. B. Arm/Schulterkreisen, Kniebeugen, Ausschütteln der Arme und Beine usw.) ratsam. Kurze rhythmische Bewegungen von nicht gedehnten Muskeln bis an die Bewegungsgrenze sind dabei nicht sinnvoll und können Schäden in Gelenken verursachen.

Bitte beachten Sie folgende Regeln:
– Achten Sie auf eine korrekte Ausgangsposition
– Beginnen Sie stets mit geringer Intensität
  (40–60 % der max. Dehnfähigkeit)
– Halten Sie die erreichte Position mindestens 10 Sekunden
– Machen Sie danach eine ebenso lange Pause
– Wiederholen Sie jede Übung ca. 5 mal
– Dehnen Sie kontrolliert und stufenweise
– Bei immer wiederkehrenden Schmerzen konsultieren Sie einen Arzt oder Physiotherapeuten.

3.1 Dehnungen zu Hause

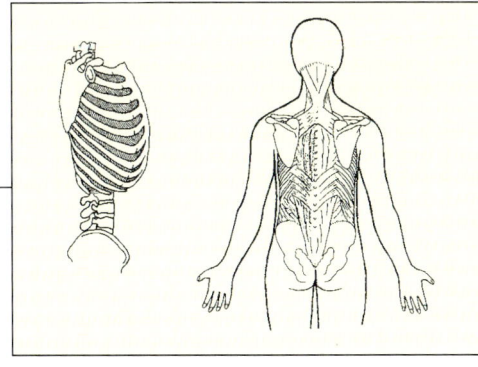

Übung 3.1.1

Dehnung der Rücken- und seitlichen Rumpfmuskeln

Durchführung:

Fersensitz, die Arme werden zunächst vor dem Körper

Mm. intercostales – Mm. erector trunci
M. quadratus lumborum

ausgestreckt. Verharren Sie in dieser Position mindestens 10 Sekunden. Gehen Sie dann langsam in eine Halbmondstellung und schieben dabei den Arm der zu dehnenden Seite weiter hinaus.

Fehler:

– das Gesäß kommt zu weit hoch
– der Oberkörper dreht sich beim Hinausschieben

Übung 3.1.2

Dehnung der Rückendrehmuskeln

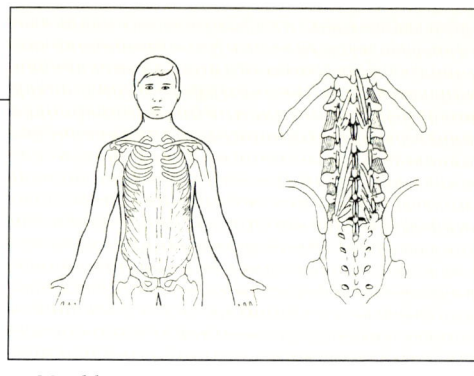

Durchführung:

Seitenlage, das oben liegende Bein wird etwas angewinkelt und mit der linken Hand auf den Boden gedrückt. Lösen Sie nun langsam den rechten Arm

M. obliquus – M. rotatores – M. pectoralis

vom Körper und drehen den Oberkörper. Blicken Sie dabei in Drehrichtung. Halten Sie die erreichte Dehnposition mindestens 10 Sekunden.

Fehler:

– das oben liegende Bein löst sich vom Boden
– der Kopf wird nicht mitgedreht

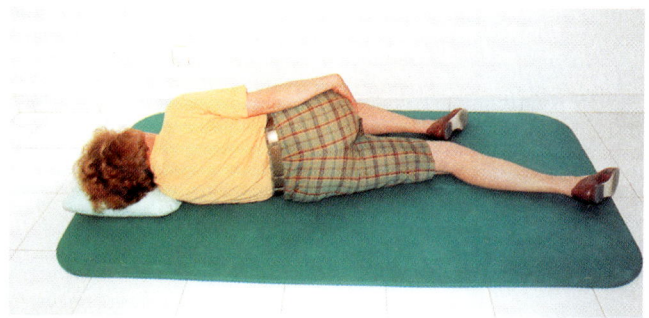

Dehnung der Rückendrehmuskeln (schonend)

Durchführung:

Sitz mit geradem Oberkörper, die Beine sind gut abgewinkelt und die Knie in mindestens 90-Grad-Stellung. Die rechte Hand umfaßt seitlich die Stuhllehne und zieht den Rücken vorsichtig in die Linksdrehung. Die erreichte Stellung wird 10 Sekunden beibehalten, danach erfolgt ein geringfügiges Zurückdrehen mit Pause. Stufenweise wird diese Rotationsbewegung vergrößert und 5mal auf der gleichen Seite wiederholt. Der Kopf dreht mit.

Fehler:

– die Füße stehen unter dem Stuhl
– man zieht sich ins Hohlkreuz hinein
– der Oberkörper wird seitlich verlagert
– die Schultern werden hochgezogen

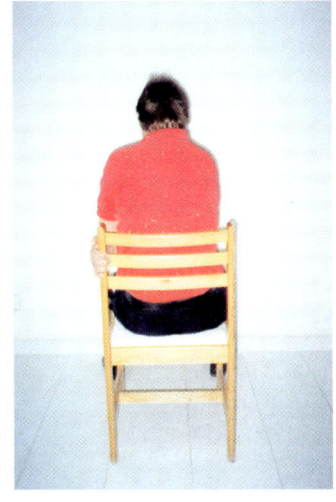 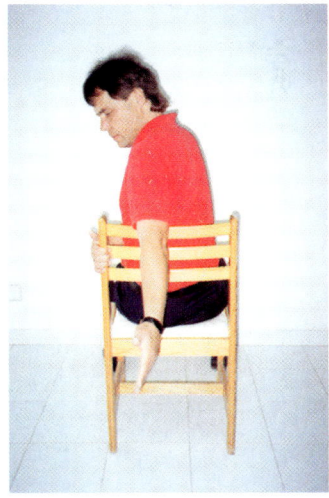

Übung 3.1.4
3.1.5

Dehnung der vorderen Schultermuskeln

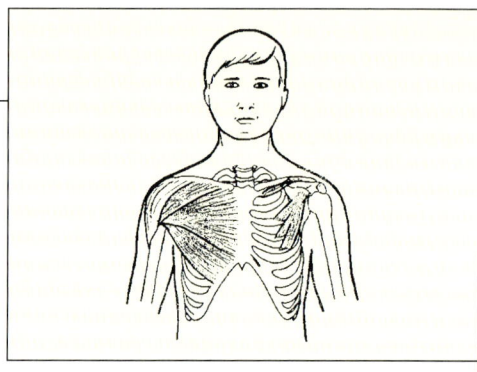

Durchführung:

3.1.4 Sie stehen seitlich in einem Türrahmen, den Oberkörper leicht nach vorn geneigt. Langsam drehen Sie sich zur anderen Seite und

Mm. pectoralis major und minor

blicken dabei in Drehrichtung. Eine Verstärkung und zusätzliche Dehnung des Bizepsmuskels erreichen Sie durch Streckung des Ellenbogens.

3.1.5 Die beiderseitige Dehnung wird in einer Zimmerecke durchgeführt. Legen Sie zunächst die Arme U-förmig an die Wand und verlagern Ihr Gewicht nach vorne bis Sie eine Dehnung im vorderen Schulterbereich spüren. Bringen Sie nun die Arme stufenweise in eine V-Position und halten die jeweils erreichte Stellung mindestens 10 Sekunden.

Fehler:
– Sie stemmen die Hände gegen die Wand
– Sie fallen ins Hohlkreuz
– Sie dehnen ruckartig

3.2 Dehnungen vor dem Spiel

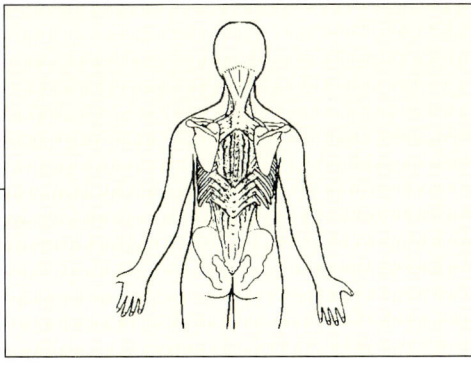

Übung 3.2.1

Dehnung der Rückenstrecker im Stehen

Mm. erector trunci

Durchführung:

Sie stehen mit leicht gebeugten Knien, die Beine hüftbreit auseinander. Der Oberkörper wird locker nach vorne gebeugt. Eine größere Dehnung wird erreicht, wenn die Arme den Oberkörper noch weiter in Richtung Oberschenkel ziehen.

Fehler:

– die Knie sind nicht gebeugt
– zu starkes Ziehen

Übung 3.2.2

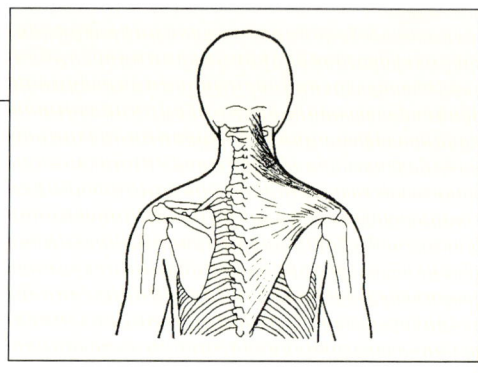

M. trapezius

Dehnung der Nackenmuskeln (vor dem Spiel)

Durchführung:

Der Kopf wird etwas nach vorne geneigt. Die rechte Hand liegt auf der linken Kopfhälfte und zieht den gesamten Kopf nach rechts unten. Wenn Sie die Dehnung der linken Nackenmuskeln spüren, halten Sie diese Position mindestens 10 Sekunden und ziehen beim Ausatmen die linke Schulter ruhig noch ein bißchen nach unten. Damit verstärken Sie die Dehnung.

Fehler:

– der gesamte Oberkörper fällt mit zur Seite
– der Kopf ist nicht nach vorne gebeugt

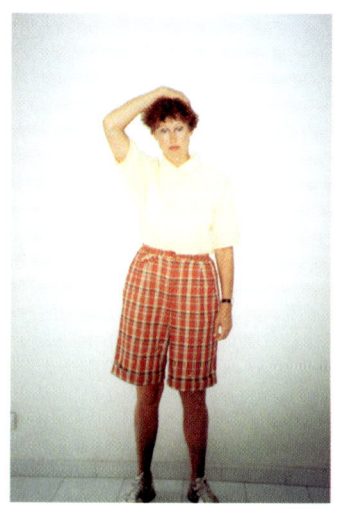

14

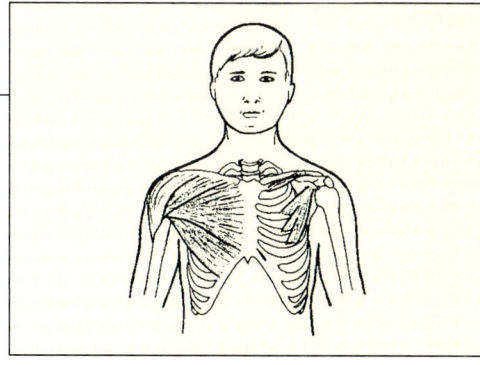

Dehnung des vorderen Schultergürtels

Durchführung:

Bringen Sie einen Golf-schläger waagerecht über den Kopf nach hinten und neigen den Oberkörper dabei leicht nach vorne, das Kinn wird eingezogen.

Mm. pectoralis major und minor

Versuchen Sie nun, die Arme langsam auszustrecken und noch ein bißchen nach hinten zu bringen, bis Sie die Dehnung der Brustmuskeln spüren.

Fehler:

– das Kinn wird herausgestreckt
– Sie fallen ins Hohlkreuz

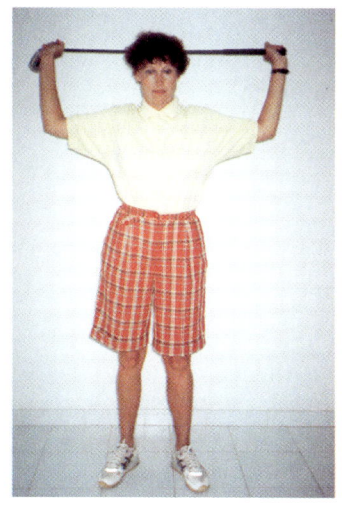

Übung 3.2.4

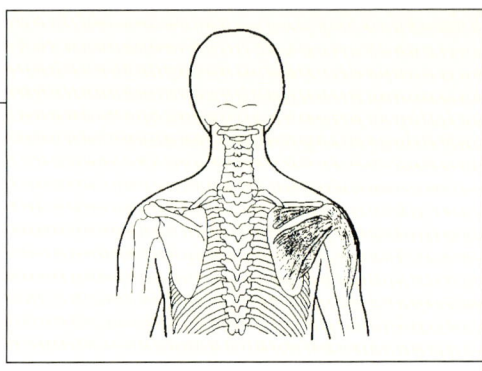

M. supraspinatus

Dehnung der Schultermuskeln (vor dem Spiel)

Durchführung:

Legen Sie den linken Arm vor den Körper und umfassen mit der anderen Hand den Ellenbogen. Ziehen Sie dann den linken Arm weiter nach rechts, bis Sie eine Dehnung an der Außenseite der Schulter spüren. Halten Sie die gedehnte Stellung 10 Sekunden, und wiederholen Sie diese Dehnung nach einer ebenso langen Pause mehrmals auf jeder Seite.

Fehler:

– die Schulter wird hochgezogen
– der gesamte Oberkörper dreht mit

16

Übung 3.2.5

Dehnung der Schultermuskeln (vor dem Spiel)

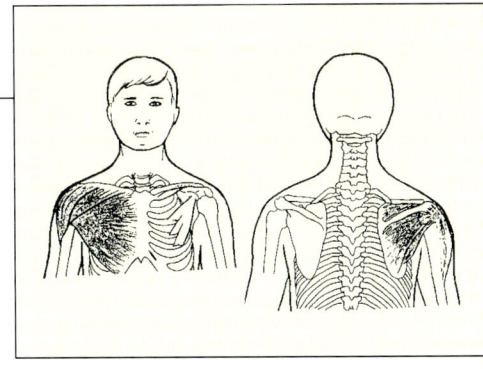

M. deltoideus – M. teres minor
M. infraspinatus – M. pectoralis
M. supraspinatus

Durchführung:

Umfassen Sie bei nach vorne geneigtem Oberkörper Ihre linke Hand, ziehen den leicht gebeugten Arm vom Körper weg. Halten Sie die gedehnte Position mindestens 10 Sekunden, und wiederholen Sie dieses 3 – 5 mal auf jeder Seite.

Fehler:

– die Arme werden gestreckt
– der Oberkörper wird mit nach hinten gezogen

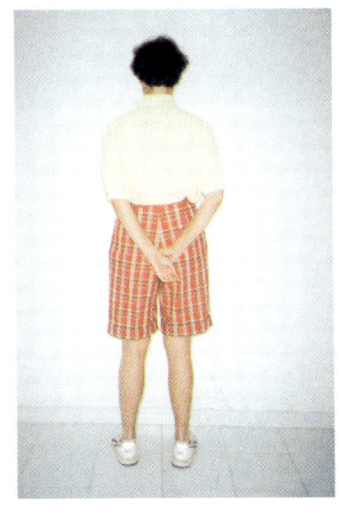

Übung 3.2.6
3.2.7

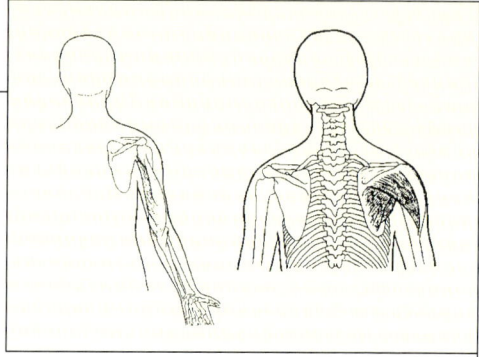

Dehnung der Oberarm- und Schulterblattmuskeln (vor dem Spiel)

M. triceps brachii
M. teres maior und minor

Durchführung:

3.2.6 Der linke Oberarm wird so hoch wie möglich angehoben, so daß die linke Ellenbogenspitze senkrecht nach oben zeigt. Die rechte Hand umfaßt den Unterarm etwas oberhalb des Handgelenkes und zieht diesen in eine gebeugte Position. Die Übung ist nur bei voller Beweglichkeit im Schultergelenk möglich.

3.2.7 Die rechte Hand umfaßt die Ellenbogenspitze und zieht nach rechts, ohne den Oberkörper zu sehr zur Seite zu neigen. Halten Sie die gedehnte Position mindestens 10 Sekunden, und wiederholen Sie dieses 4 – 5 mal auf jeder Seite.

Übung 3.2.8

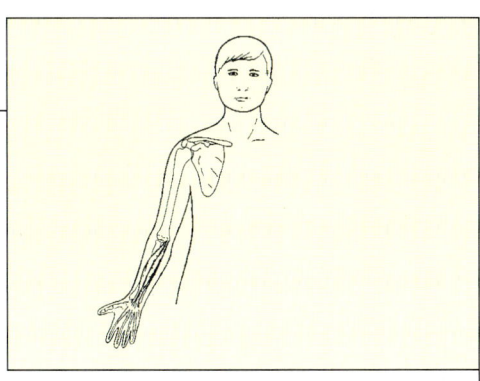

Dehnung der Unterarmmuskeln (vor dem Spiel)

Durchführung:

Drehen Sie Ihre Hände so von sich weg, daß beide Ellenbogengelenke in die volle Streckung kommen. Nun versuchen Sie Ihre Fingergelenke noch weiter zu strecken.

M. flexor digitorum
M. palmaris

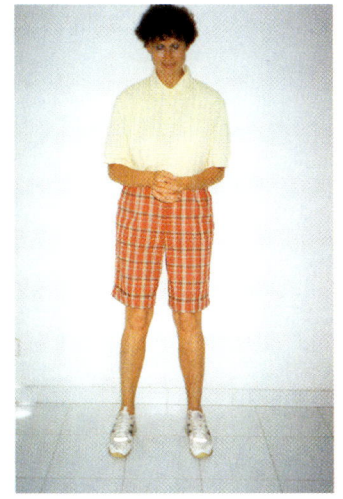

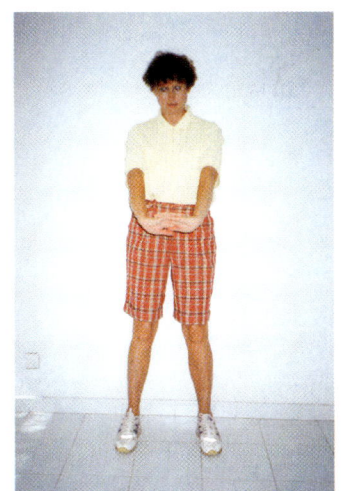

Übung 3.2.9

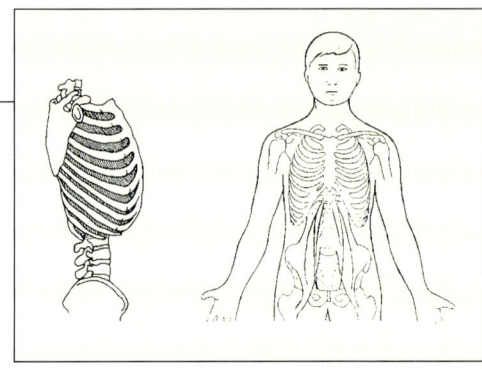

Dehnung der Flankenmuskeln (vor dem Spiel)

M. quadratus lumborum
Mm. intercostales

Durchführung:

Der Oberkörper ist leicht nach vorne geneigt, die Beine stehen hüftbreit auseinander, die Knie leicht angebeugt. Die linke Hand stemmt gegen den linken Beckenkamm, um ein Abdriften des Unterkörpers zu vermeiden. Schieben Sie den rechten Arm am Ohr vorbei zur gegenüberliegenden Seite und behalten dabei Hüftkontakt mit Ihrem Golfbag.

Fehler:

– Beine und Hüfte bewegen sich mit
– die Knie sind gestreckt
– der Oberkörper fällt ins Hohlkreuz

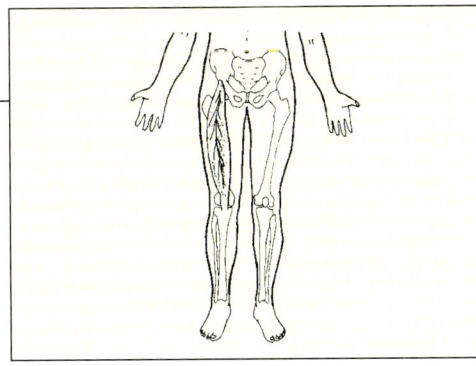

Dehnung der vorderen Oberschenkelmuskeln (vor dem Spiel)

M. rectus femoris

Durchführung:

Umfassen Sie mit einer Hand das Fußgelenk und ziehen das Knie in eine gebeugte Position, bis Sie eine Dehnung im Oberschenkel spüren. Der Oberkörper bleibt leicht nach vorne geneigt.

Fehler:

– das gebeugte Knie zeigt nicht nach unten
– Sie ziehen den Rücken zu sehr ins Hohlkreuz

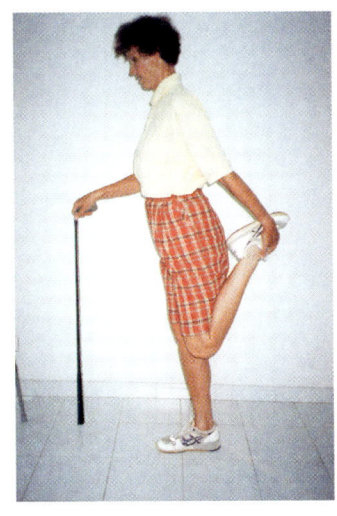

Übung 3.2.11

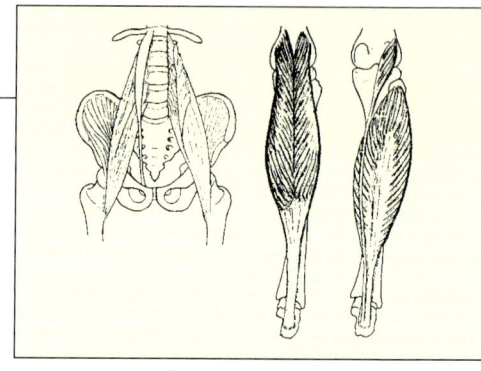

Dehnung der Leisten- und Wadenmuskeln (vor dem Spiel)

M. iliopsoas – M. iliacus
M. gastrocnemius

Durchführung:

Gehen Sie in eine „Fechter-stellung" und stützen sich mit dem Oberkörper auf einem Golfschläger ab. Schieben Sie das gestreckte Bein so weit wie möglich nach hinten heraus und verstärken die Beugung des vorderen Knies, bis Sie eine Dehnung in der Leisten-gegend spüren. Halten Sie diese Position 10 Sekunden. Versuchen Sie nun, Ihre rechte Ferse vorsichtig auf den Boden zu stellen.

Fehler:

– ruckartige oder wippende Bewegungen
– das vordere Knie wird gestreckt

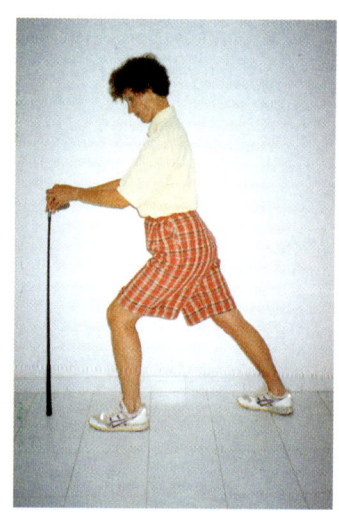

Übung 3.2.12

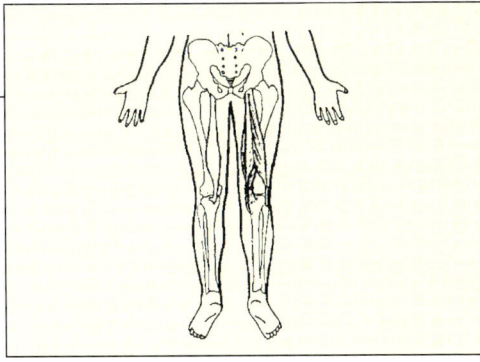

Mm. ischiocrurales

Dehnung der hinteren Oberschenkelmuskeln (vor dem Spiel)

Durchführung:

Stehen Sie zunächst aufrecht und legen das linke Bein auf eine Erhöhung. Stützen Sie sich mit dem anderen Arm auf einem Golfschläger ab. Strecken Sie nun das linke Bein und lassen die Hand langsam auf dem Schienenbein nach unten gleiten. Gleichzeitig neigen Sie den Oberkörper nach vorne. Diese Übung ist ungeeignet bei Bandscheibenbeschwerden.

Fehler:

– Überdehnung der Rückenmuskeln

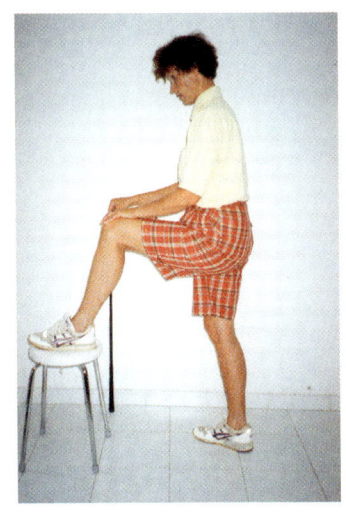
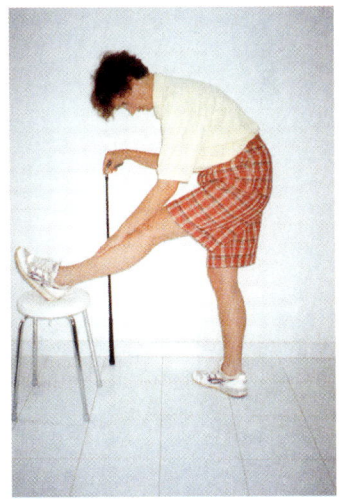

Übung 3.2.13

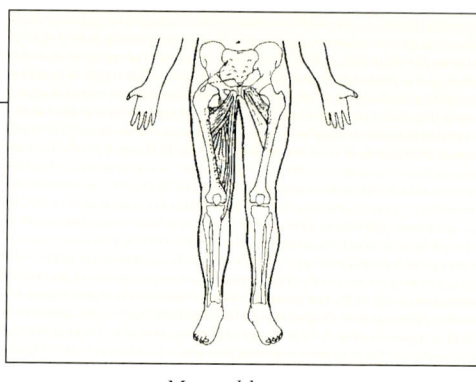

Mm. adductores

Dehnung der inneren Oberschenkelmuskeln (vor dem Spiel)

Durchführung:

Gehen Sie in eine Grätsch-stellung und stützen sich dabei nach vorne ab. Der rechte Fuß steht etwas weiter vorne als der linke. Verlagern Sie nun vorsichtig Ihr Gewicht auf die linke Seite und beugen dabei das linke Knie an. Schon nach kurzer Zeit spüren Sie die Dehnung an der rechten Oberschenkelinnenseite. Führen Sie dieses 4 mal 10 Sekunden mit Pausen durch. Dann wechseln Sie zur anderen Seite.

Fehler:

- übertriebene Grätschstellung
- wippende oder ruckartige Bewegungen
- die rechte Fußaußenseite hebt vom Boden ab

Übung 3.2.14

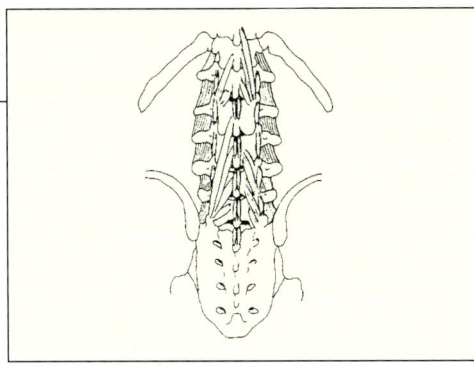

Mm. rotatores

Dehnung der Rücken-drehmuskeln

Durchführung:

Sie nehmen die Ansprech-position ein und halten einen Golfschläger mit den Ellen-bogen waagerecht hinter Ihrem Rücken. Drehen Sie sich 5 mal langsam zu einer Seite und halten diese Position 10 Sekunden. Versuchen Sie, bei jeder Dehnung die Drehbewegung ein wenig zu vergrößern. Nach einer Pause drehen Sie sich zur anderen Seite.

Fehler:

– der Unterkörper bewegt sich mit
– der Winkel zwischen Oberkörper und Beinen wird aufgegeben
– die Knie werden durchgestreckt
– schnelles Drehen nach rechts und links

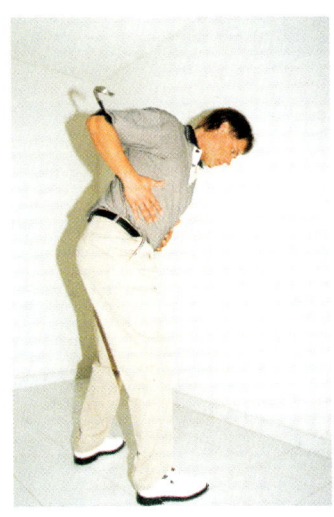

4. Training der Golfmuskulatur

Die hier ausgewählten Übungen kräftigen vor allem die Muskelgruppen, die im Abschnitt „biomechanische Aspekte" genannt wurden. Da sie den Körper harmonisch belasten sollen, wurde auf Vielseitigkeit und Ausgewogenheit besonders viel Wert gelegt. Einige Kräftigungs- und Koordinationsübungen orientieren sich dabei an golfspezifischen Bewegungsabläufen und beinhalten sowohl dynamische als auch stabilisierende Komponenten.

Bei einigen Übungen sind kleine Gewichtshanteln bis 2 kg von Vorteil, es können jedoch auch gut greifbare Gegenstände wie z. B. Flaschen eingesetzt werden. Andere Hilfsmittel wie Golfschläger, Hocker oder Stuhl sind leicht verfügbar. Die Übungen in stehender oder sitzender Position sollten zur besseren Kontrolle anfangs vor einem Spiegel ausgeführt werden.

Ein Golfer ist in jedem Alter trainierbar. Ein gutes Ergebnis erreicht man schon mit einer 30 – 50 %-Belastung der muskulären Maximalkraft. Dagegen kann zu hartes Krafttraining zu einer vermehrten Muskelsteifigkeit führen. Die Anzahl der Wiederholungen einer Übung sollte langsam gesteigert werden. Weitere Informationen finden Sie in der jeweiligen Übungsanleitung. Empfohlen wird, zunächst mehrmals wöchentlich zu trainieren (20 – 30 Min.). Schon nach 2 – 3 Wochen zeigen sich deutliche Erfolge im Sinne einer verbesserten Standfestigkeit und eines koordinierten Schwungablaufes. Beim Training sollte nicht vergessen werden, daß eine gute Muskelelastizität und -beweglichkeit eine wesentliche Voraussetzung für dieses Übungsprogramm darstellt.

Folgende Regeln sind zu beachten:

- Erwärmen Sie sich vor jedem Training mit einfachen Lockerungsübungen.
- Kombinieren Sie Kraft- mit Dehnübungen.
- Beginnen Sie zunächst mit den Übungen zur Stabilisierung der Rumpfmuskulatur.
- Arbeiten Sie zu Beginn niemals mit maximaler Kraftanstrengung.
- Atmen Sie bei den Übungen regelmäßig.
  Achten Sie auf eine korrekte Ausgangsstellung.
- Achten Sie auf die angegebene Dosierung.
- Bei ständig wiederkehrenden Schmerzen konsultieren Sie einen Arzt oder Physiotherapeuten.

4.1 Die Rumpfmuskeln

Wie bereits im Kapitel „biomechanische Aspekte" erwähnt, haben die Rumpfmuskeln (Bauch- und Rückenmuskeln) beim Schwungablauf eine zentrale Bedeutung. Die Bauchmuskeln sollen den mit der Ansprechposition aufgebauten Winkel zwischen Oberkörper und Beinen während des gesamten Schwunges sichern. Hier arbeiten sie zusammen mit den vorderen Oberschenkelmuskeln. Auch wirken sie bei der Drehbewegung zwischen oberer und unterer Körperhälfte mit. Sowohl Bauch- als auch Teile der Rückenmuskeln neigen bei den meisten Menschen zur Abschwächung und sollten daher durch ein **Basisprogramm** primär aufgebaut werden.

Welche Probleme verursachen zu schwache **Bauchmuskeln**?

Der Spieler fällt während des Schwunges nach hinten. Dieser Vorgang wird meistens dadurch kompensiert, daß ein Großteil des Körpergewichtes nicht nach links verlagert wird, die rechte Schulter von außen an den Ball kommt und der Kopf automatisch mit hochgerissen wird. Die Folge sind Schläge mit Distanzverlust, meistens in Form eines Slices oder zu starker Erdberührung.

Die Gegenspieler der Bauchmuskeln sind die Rückenmuskeln. Ihre langen Anteile haben die Aufgabe, den bei der Ansprechposition aufgebauten Winkel von hinten zu sichern. Dieses geschieht in Zusammenarbeit mit den „verlängerten Rückenmuskeln", den Gesäßmuskeln. Darüber hinaus sind es vor allem die kurzen Anteile der Rückenmuskeln, die für die bei diesem Sport so wichtigen Drehbewegungen des Rumpfes und Schultergürtels verantwortlich sind. Sie sind die Kraftüberträger zwischen unterer und oberer Körperhälfte. Eine Schwäche der Bauch- und Rückenmuskeln äußert sich auch in Form von Haltungsproblemen. Dieses wird häufig durch eine übertriebene Kniebeugung bei der Ansprechposition ausgeglichen.

Welche Probleme verursachen zu schwache **Rückenmuskeln**?

Der Oberkörper des Spielers fällt während des Schwunges nach vorne und „in den Schlag hinein". Während bei richtigem Timing die Distanz des Schlages nicht so stark betroffen ist, kann sich die Anzahl an „verunglückten" Schlägen mit erheblichem Kontrollverlust erhöhen. Bei mangelnder Koordination, Kraft und Elastizität der Rückenmuskeln treten ferner Probleme beim Zurückdrehen auf. Der Spieler gibt an, „kein Gefühl für die Drehung" beim Rückschwung zu haben. Besonders im unteren Wirbelsäulenbereich können sich bei Defiziten chronische Beschwerden entwickeln.

4.1.1 Basisprogramm Bauch-/Rückenmuskeln

Die in diesem Programm gezeigten Übungen verbessern die Stabilität der Rumpfmuskulatur. Sie gelten als Basis für weiter aufbauende spezielle Übungen und sollten routinemäßig durchgeführt werden.

Folgende Regeln sind zu beachten:

– Halten Sie die Muskelspannung mindestens 10 Sekunden.
– Atmen Sie dabei ruhig weiter.
– Anspannungsdauer = Pausendauer
– Wiederholen Sie jede Übung 5 mal, danach machen Sie eine etwas längere Pause.
– Arbeiten Sie nie mit maximaler Kraftanstrengung.

Gerade Bauchmuskeln

Durchführung:

Rückenlage mit angewinkelten Beinen, die Füße sind angezogen und die Ferse leicht gegen den Fußboden gestemmt. Drücken Sie den Golfschläger gegen Ihre Oberschenkel und atmen dabei ruhig weiter. Beide Arme sind leicht angebeugt.

Fehler:

– Sie versuchen zu weit hochzukommen
– die Arme werden durchgestreckt, die Schultern angezogen
– die Kinnspitze wird nach oben herausgeschoben, der Nacken verkrampft

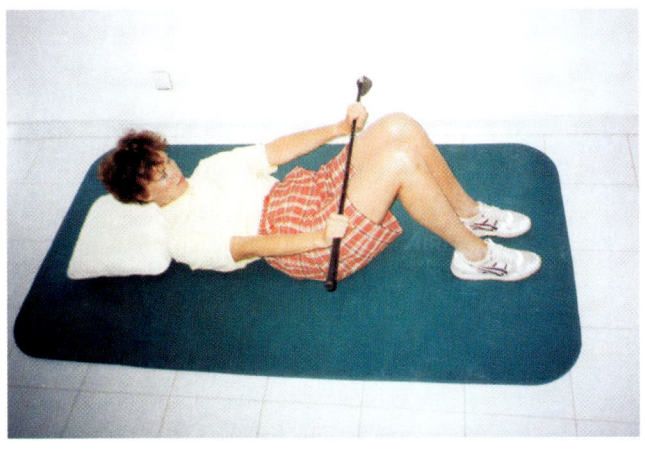

Gerade Bauchmuskeln

Durchführung:

Rückenlage mit angewinkelten Beinen, die Hände stützen den Nacken. Halten Sie Ihren unteren Rückenbereich so gut wie möglich auf dem Boden. Verstärken Sie die Anspannung der Bauchmuskeln durch leichtes Anheben des Schultergürtels. Bei chronischen Rückenbeschwerden legen Sie die Beine im 90-Grad-Winkel auf eine Erhöhung.

Fehler:

- Sie bilden ein Hohlkreuz
- die Arme ziehen den Kopf ruckartig nach oben
- Sie versuchen zu weit hochzukommen
- Sie halten beim Anspannen die Luft an

Übung 4.1.1.3

Schräge Bauchmuskeln

Durchführung:

Drücken Sie den leicht gebeugten rechten Arm gegen die Innenseite des linken Knies. Während das linke Bein einen Widerstand bildet, drückt der linke Arm mit der Handinnenseite auf den Boden. Der Kopf kann leicht angehoben werden.

Fehler:

– Sie versuchen zu weit hochzukommen
– der rechte Arm wird gestreckt
– das linke Knie läßt sich zurückdrücken
– Sie halten die Luft an oder pressen

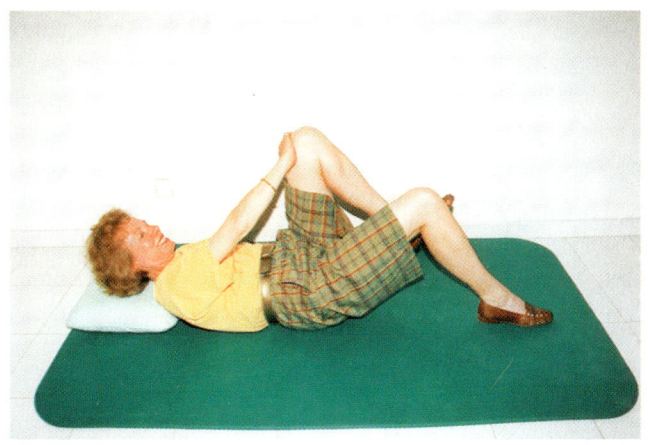

Rückenmuskeln

Durchführung:

Sie liegen mit angewinkelten Knien, den Kopf unterlagert.
Ziehen Sie die Schultern Richtung Ferse und nähern Ihre Schulter-
blätter durch leichtes Auseinanderziehen des Golfschlägers an.
Die Ellenbogen werden dabei leicht in den Boden gedrückt.

Fehler:

– der Kopf hebt ab oder wird ins Kissen gedrückt
– Sie bilden ein zu starkes Hohlkreuz
– die Nackenmuskeln verkrampfen
– die Übung wird wie „Expanderziehen" durchgeführt

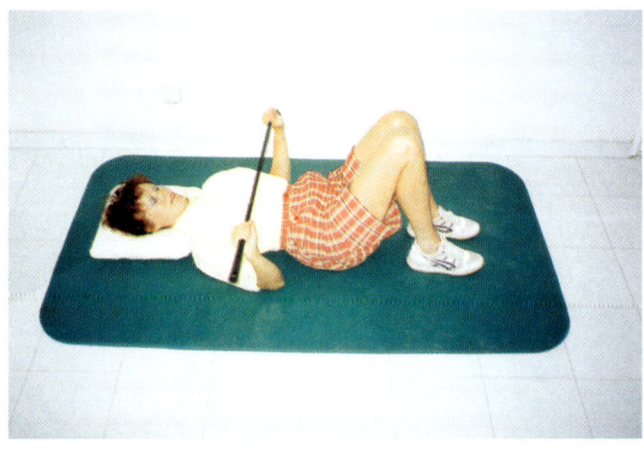

Rückenmuskeln

Durchführung:

Der Oberkörper liegt auf einem Hocker, Hüfte und Knie mindestens
90 Grad angewinkelt. Ziehen Sie die Schultern „weg von den Ohren"
und die gebeugten Ellenbogen nach oben, bis Sie ein Anspannen der
Rückenmuskeln spüren. Das Kinn wird zum Kehlkopf gezogen,
der Nacken gestreckt. Blicken Sie Richtung Fußboden.

Fehler:

– Sie spannen ins Hohlkreuz
– die Hände sind über den Ellenbogen, die Arme werden gestreckt
– der Kopf wird nach oben gebeugt, die Nackenmuskeln
  verkrampfen

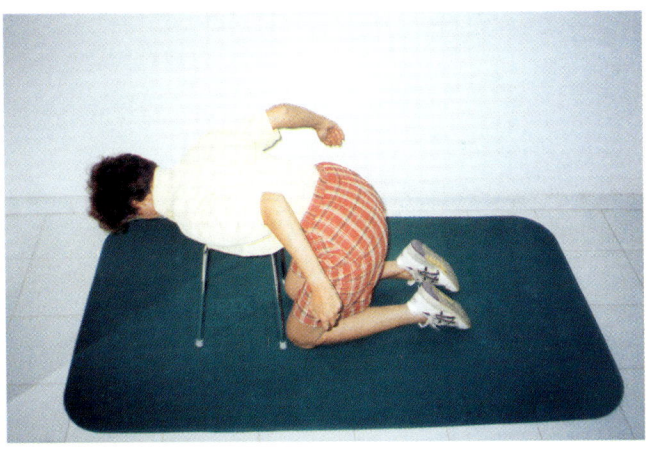

Rückenmuskeln und Grundspannung

Durchführung:

Liegen mit ausgestreckten Beinen, Kopf und Knie leicht unterlagert.
Nachdem Sie die Fersen leicht in den Boden und die Gesäßmuskeln
angespannt haben, geben Sie Druck mit den Schultern, Ellenbogen
und Unterarmen nach unten, die Handinnenflächen zeigen nach oben.

Fehler:

– der Hinterkopf drückt in das Kissen
– die Schultern werden angezogen
– die Muskeln zwischen den Schulterblättern spannen nicht an
– man drückt nur mit den Armen und hebelt sich ins Hohlkreuz
– die Beinmuskeln verkrampfen

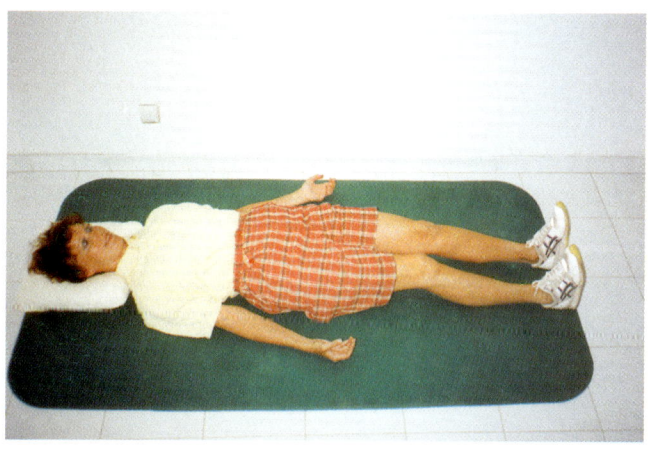

4.1.2 Aufbauende Übungen

Die in diesem Abschnitt gezeigten Übungen sollen die Muskelgruppen trainieren, die bei den einzelnen Schwungphasen im wesentlichen involviert sind. Sie können je nach Zielsetzung beliebig miteinander kombiniert werden. Zur besseren Orientierung sind mögliche Probleme, die aus einer Abschwächung oder mangelhaften Koordination dieser Muskelketten entstehen können, am Anfang jeder Übung angegeben.

Muskeln: Bauchmuskeln
Probleme: nach hinten fallen, Slice, Distanzverlust

Durchführung:

Beide Hände werden an die Ohren gelegt, um den Kopf etwas abzustützen. Nachdem das rechte Bein leicht ausgestreckt wird, zieht das linke Knie zum rechten Oberarm. Eine Berührung von Ellenbogen und Knie ist dabei nicht erforderlich. Wechseln Sie rhythmisch zur anderen Bein-/Armseite, und wiederholen Sie diese Bewegung 10 – 20 mal mit halber Maximalkraft. Danach erfolgt eine ebenso lange Pause. Führen Sie mehrere Übungsserien durch.

Fehler:

– Sie arbeiten zu schnell und hektisch
– Sie trainieren mit Maximalkraft
– Ihr Atemrhythmus ist unregelmäßig
– der Kopf wird mit den Armen hochgezogen

Übung 4.1.2.2

Muskeln: Rücken- und Gesäßmuskeln

Probleme: nach vorne fallen, verunglückte Schläge,
Streuen in alle Richtungen

Durchführung:

Die Beine nur leicht angewinkelt auf eine Erhöhung gelegt,
die Füße gekreuzt. Beide Arme liegen neben dem Körper mit den
Daumen nach außen, die Schultern entspannt. Durch leichten Druck
des Schultergürtels und der Arme nach unten hebt man das Gesäß an
und drückt beide Fußaußenseiten gegeneinander. Dadurch erhöht sich
die Anspannung im Beckenbereich. 15 Sek. halten, 30 Sek. Pause,
5 – 8 mal wiederholen.

Fehler:

– man spannt ins Hohlkreuz
– die Daumen liegen innen
– der Hinterkopf drückt ins Kissen
– die Schultern verkrampfen

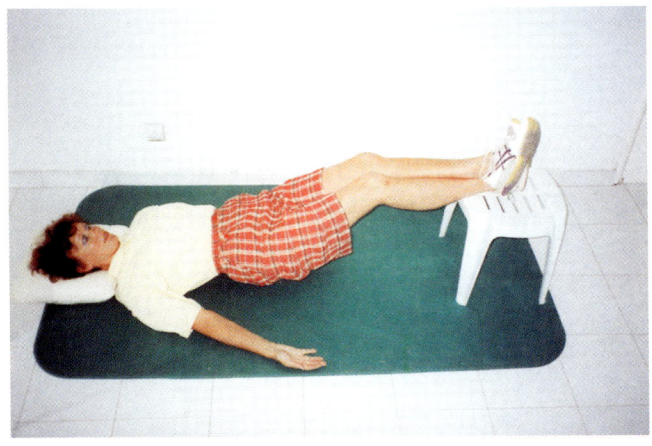

Übung 4.1.2.3

Muskeln: Bauchmuskeln
Probleme: nach hinten fallen, Slice, Distanzverlust

Durchführung:

In sitzender Position wird ein Golfschläger auf die Oberschenkel gelegt. Die Arme sind leicht angewinkelt. Nun geben die Hände leichten Druck auf den Schläger, bis Sie die Anspannung der Bauchmuskeln spüren. Halten Sie diese Position mind. 15 Sek., und führen Sie nach einer gleichlangen Pause diese Übung mit einem angehobenen Bein durch.

Fehler:

– Sie drücken zu intensiv
– die Arme sind nicht angewinkelt, die Schultern werden hochgezogen
– Sie atmen unregelmäßig

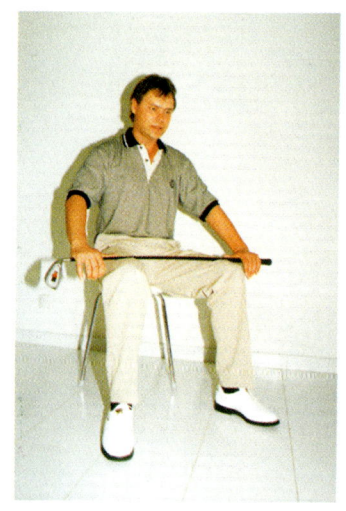 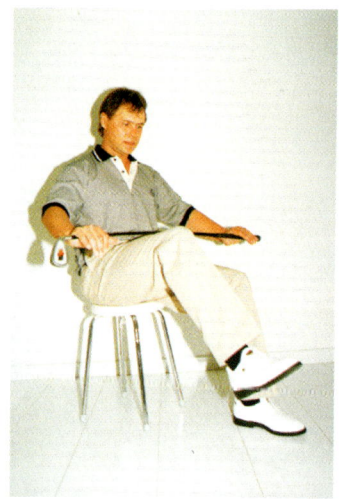

*Muskeln: **Rücken- und Schulterblattmuskeln***

Probleme: „in den Schlag" hineinfallen, verunglückte Schläge mit zu starker Erdberührung

Durchführung:

Hockersitz, die Beine gut abgewinkelt, der Oberkörper leicht nach vorne geneigt, die Wirbelsäule bleibt jedoch gerade. Der Blick wird schräg nach unten gerichtet. Die gebeugten Ellenbogen ziehen nach hinten und geringfügig nach unten und aktivieren die Muskeln zwischen den Schulterblättern. Hanteln von max. 2 kg, es können auch Flaschen benutzt werden. Anpannung zunächst 10 Sek., 20 Sek. Pause, 5 mal wiederholen.

Fehler:

- die Schultern werden angezogen
- die seitlichen Nackenmuskeln verkrampfen sich
- der Oberkörper verlagert sich nach hinten ins Hohlkreuz
- man spürt die Anspannung nur in den Armen

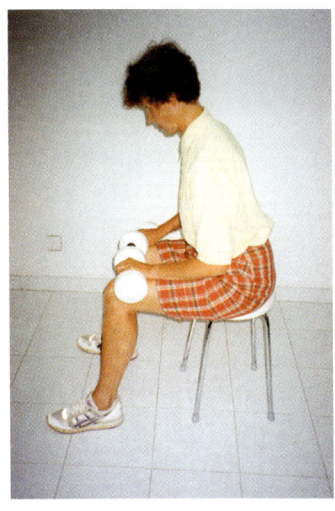 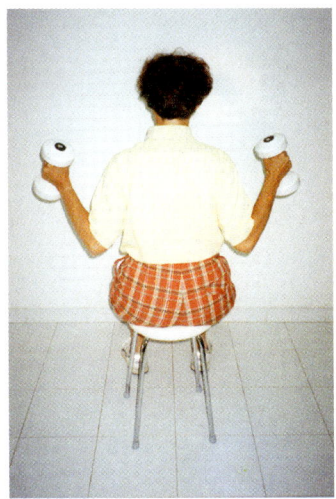

Übung 4.1.2.5

Muskeln: *Rückendreher und Schulterblattmuskeln*

Probleme: *mangelnde Drehbewegung, nach vorne fallen, unkontrollierte Schläge*

Durchführung:

Beine weit auseinander gestellt in leichter Außendrehung, der rechte Arm stützt den Oberkörper. Die Hantel (max. 2 kg oder Flasche) wird mit gebeugtem Arm von rechts unten nach links oben geführt, Kopf und Blick in Bewegungsrichtung. Diese dynamische Übung wird ohne Pause 10 – 15 mal durchgeführt, danach erfolgt eine gleichlange Pause. Wiederholung dieser Übungsserie: 2 – 4 mal auf jeder Seite.

Fehler:

– Pressatmung
– das Becken verschiebt sich in seitlicher Ebene
– Gewichtsverlagerung auch im Knie- und Fußbereich
– mehr als 50%ige Belastung der Maximalkraft

Muskeln: Bauchmuskeln

Probleme: der Winkel zwischen Oberkörper und Beinen
wird nicht gehalten, zu frühes Hochkommen

Durchführung:

Sie sitzen auf einem Hocker, den Nacken mit der Hand abgestützt. Strecken Sie nun die Beine von sich weg und verlagern das Gewicht langsam nach hinten. Geben Sie dabei mit der anderen Hand leichten Druck auf Ihren Oberschenkel und halten diese Position mindestens 10 Sekunden. Eine Verstärkung der koordinierten Anspannung der Bauchmuskeln erreichen Sie durch eine geringe Schaukelbewegung, **ohne** den Winkel zwischen Rumpf und Beinen zu verändern.

Fehler:

– eine zu große Schaukelbewegung

Übung 4.1.2.7 und 4.1.2.8

Muskeln: *Gesäßmuskeln, Bauch- und Rückenmuskeln*

Probleme: *Vor- und Zurückschwanken, übertriebene Hockposition, Haltungsprobleme beim Set up, verunglückte Schläge, Hacker, Unbeständigkeit*

Durchführung:

4.1.2.7 Halten Sie Ihren Rücken durch leichtes Anspannen der Bauchmuskeln und Zwischenschulterblattmuskeln unter Kontrolle. Vermeiden Sie jegliches Abkippen des Beckens nach unten oder zur Seite. Rücken und nach hinten gestrecktes Bein sollen bei dieser Anspannungsübung (mind. 20 Sek. und Pause) möglichst eine Linie bilden. Im fortgeschrittenen Übungsstadium kann eine Gewichtsmanschette von 2 kg über dem Fußgelenk befestigt werden.

4.1.2.8 Bei Koordinationsschwierigkeiten, wie sie bei Haltungsproblemen auftreten, sollte der Oberkörper zunächst mit den Armen auf einem Hocker stabilisiert werden.

Muskeln: *Rumpf-, Schultergürtel-, Arm-, Beinmuskeln*
Probleme: *Vor- und Zurückfallen, unbeständige Spielweise,*
kein Gefühl für Gewichtsverlagerung

Durchführung:

Versuchen Sie bei dieser Übung, die vorderen und hinteren Körper-
muskeln in Einklang zu bringen. Spannen Sie gleichermaßen
Bauch- und Rückenmuskeln, und halten Sie diese Position
10 Sekunden. Dann strecken Sie ein Bein heraus. Vermeiden Sie
dabei ein Abkippen des Beckens zur Seite. Spüren Sie, daß Ihr
gesamtes Körpergewicht nun auf einem Bein ruht.

Fehler:

– das Becken fällt nach unten oder zur Seite
– Sie spannen ins Hohlkreuz
– der Kopf wird zu sehr angehoben

Muskeln: Bauch- und Rückenmuskeln, Schultergürtel- und Armmuskeln

Probleme: Vor- und Zurückfallen, Unbeständigkeit

Durchführung:

Bei der Ausgangsstellung ist auf einen Hüftwinkel von mindestens 90 Grad zu achten. Stabilisieren Sie durch leichtes Anspannen der Bauchmuskeln Ihre Wirbelsäule und führen eine Liegestützbewegung aus, und wiederholen Sie dieses 10 mal, danach machen Sie eine gleichlange Pause. Verändern Sie den Hüft- und Kniewinkel beim Üben nicht.

Fehler:

– Sie lassen den Bauch durchhängen
– Pressatmung wie beim normalen Liegestütz
– Sie bewegen sich im unteren Rückenbereich
– der Kopf wird in den Nacken gestemmt

Muskeln: untere Rückenmuskeln

Probleme: Drehen vor allem beim Rückschwung, nach vorne fallen, Hochkommen

Durchführung:

Fersensitz, die Knie stehen schulterbreit auseinander, der Oberkörper ist leicht nach vorne geneigt. Ziehen Sie zunächst die Schulterblätter ein wenig zusammen und strecken die Arme im 45-Grad-Winkel vom Körper weg, bis Sie das Anspannen der Rückenmuskeln spüren. Nun kommen Sie mit dem Gesäß etwas hoch und drehen sich langsam 5 mal nach rechts. Bauchnabel und Schlägergriff bleiben dabei auf gleicher Höhe. Pause und 2 mal auf jeder Seite wiederholen.

Fehler:

– zu starke Anspannung der unteren Rückenmuskeln
– die Schultern verkrampfen

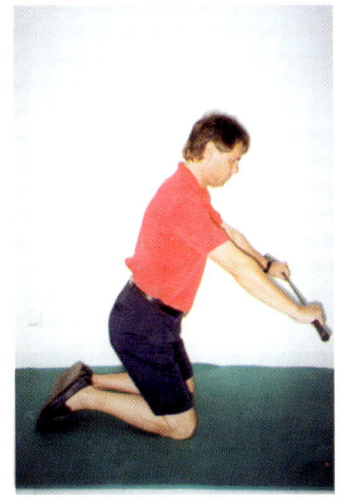 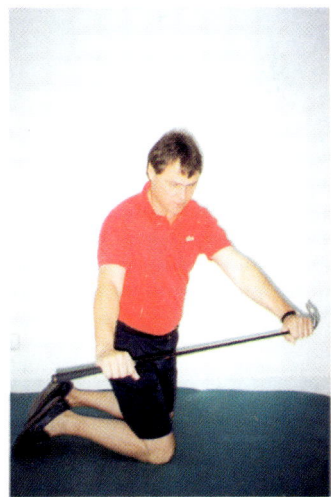

Übung 4.1.2.12

Muskeln: Rücken- und Oberschenkelmuskeln

Probleme: Standprobleme, Vor- und Zurückschwanken während der Schwungphasen

Durchführung:

Nehmen Sie die korrekte Ansprechposition ein und lassen einen Golf-schläger locker vor Ihrem Körper hängen. Die Hauptbelastung liegt nun auf Ihrem Vorfuß. Strecken Sie nun den Schläger weg und ziehen leicht an beiden Enden. Jetzt spüren Sie, wie die Rückenmuskeln Ihren Oberkörper aufrichten. Gehen Sie nun verstärkt in eine Hockposition und verlagern Ihr Körpergewicht auf die Hacken. Wiederholen Sie dieses 5 mal.

Fehler:

– Sie verlieren das Gleichgewicht
– Zehenspitzenstand beim Nachuntengehen
– der Rücken wird rund

4.2 Die Oberschenkel- und Hüftmuskeln

Die Hüft- und Oberschenkelmuskeln bilden durch ihr automatisches Anspannen beim Rückschwung ein sicheres Fundament für die sich langsam aufbauende Schwungdynamik. In der nächsten Phase, dem Umschalten von Rück- auf Vorschwung, übernehmen Sie eine „Triggerfunktion", indem sie das Gewicht auf die linke Seite verlagern und die linke Hüfte „aus dem Weg" drehen. Durch eine koordinierte Zusammenarbeit der seitlichen Hüft- und Rumpfmuskeln wird die Stabilität in seitlicher Ebene gesichert. Die vorderen Oberschenkelmuskeln sorgen außerdem für eine gute Balance nach vorne und hinten. Bei guten Golfern, Professionals und Longhittern beobachtet man häufig eine gut ausgebildete, kräftige Oberschenkel- und Hüftmuskulatur.

Welche Probleme verstärken sich bei zu schwachen **Oberschenkel- und Hüftmuskeln**?

Schwache Quadrizepsmuskeln fördern ebenso wie schwache Bauchmuskeln ein „nach hinten Fallen" mit allen damit verbundenen Konsequenzen. Mangelhaft ausgebildete äußere und innere Hüft-/Oberschenkelmuskeln können das gefürchtete Hüftschwanken schon während des Rückschwunges begünstigen. Das Ergebnis ist ein deutlicher Längenverlust, häufig verbunden mit dem Eindruck, den Ball „nicht sauber" zu treffen. Eine mangelnde Koordination dieser Muskelgruppe kann auch dazu führen, daß das Gewicht nicht rechtzeitig auf die linke Seite verlagert wird und der gesamte Körper im Treffmoment zu weit hinter dem Ball bleibt. Die Folgen sind „in die Erde schlagen" und Slice. Wird die Drehung der Hüften vernachlässigt, so kommt es zu verstärkten Hooks, Pulls oder sogar Pullslices.

Die in diesem Abschnitt gezeigten Übungen sollen:

1. die Stabilität und Standfestigkeit während der Rückschwungphase sichern,
2. die dynamische Umschaltbewegung von Rück- auf Vorschwung verbessern.

Übung 4.2.1 und 4.2.2

Muskeln: vordere Oberschenkelmuskeln

*Probleme: nach hinten fallen mit allen Konsequenzen,
kein stabiler Stand während des gesamten
Schwungablaufes*

Durchführung:

4.2.1 Eine altbewährte Methode ist „an der Wand sitzen".
Ziehen Sie einen Golfschläger auseinander, bis Sie ein Anspannen
der Rückenmuskeln spüren. Rutschen Sie dann an der Wand herunter
(maximal 90 Grad Kniebeugung) und halten diese Position
mindestens 15 Sekunden.

4.2.2 Richten Sie Ihren Oberkörper durch leichtes Auseinanderziehen
des Golfschlägers auf. Dann heben Sie ein Bein leicht nach hinten
ab und machen 10 langsame Einbeinkniebeugen auf jeder Seite.
Vermeiden Sie dabei ein „Knieschlottern".

 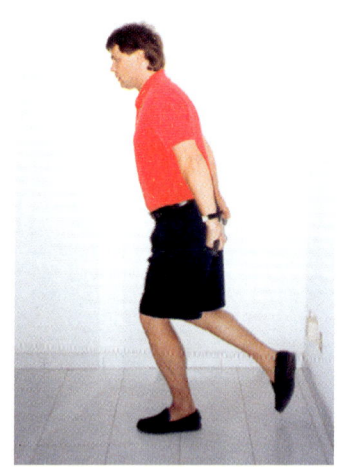

Übung 4.2.3

Muskeln: *innere Oberschenkelmuskeln*

Probleme: *seitliches Ausweichen der Hüfte beim Rück-
und Vorschwung, Distanzverlust, Slice*

Durchführung:

a) Bequeme Rückenlage, beide Fußspitzen zeigen nach innen. Eine
gut gefüllte Golftasche wird zwischen die Knie gestellt. Drücken
Sie langsam beide Knie nach innen gegen die Tasche und halten
diese Position mindestens 10 Sekunden. Nach einer gleichlangen
Pause wiederholen Sie diese Übung 10 mal.

b) Die gleiche Übung kann auch im Sitzen durchgeführt werden.

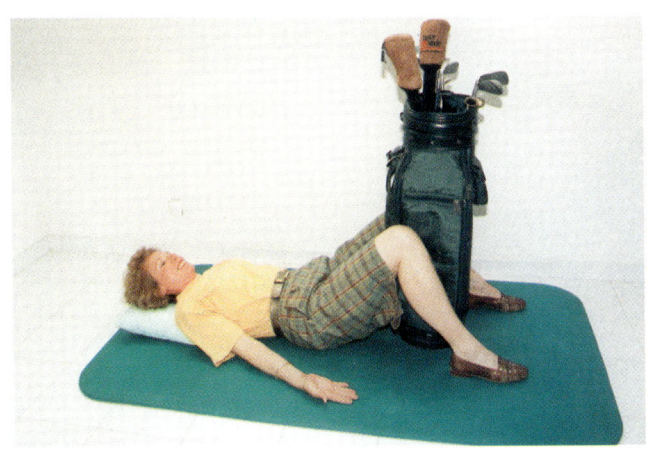

Muskeln: *äußere Hüftmuskeln (Abduktoren),*
Schultergürtelmuskeln
Probleme: *seitliches Schwanken der Hüfte,*
Distanzverlust, Slice

Durchführung:

Seitenlage, der Oberkörper wird mit dem Ellenbogen abgestützt, die Beine liegen überkreuzt. Schulter, Hüfte und Beine bilden eine gerade Linie. Ziehen Sie nun die Schulterblätter leicht zusammen und spannen die Bauchmuskeln und Gesäßmuskeln etwas an. Dann drücken Sie den Beckenbereich gegen die auf der oberen Hüfte liegende Hand und atmen ruhig weiter. Machen Sie zunächst 3 Wiederholungen auf jeder Seite.

Fehler:

– das Becken verdreht sich beim Hochkommen
– der Kopf knickt seitlich ab
– die Hüften hängen durch

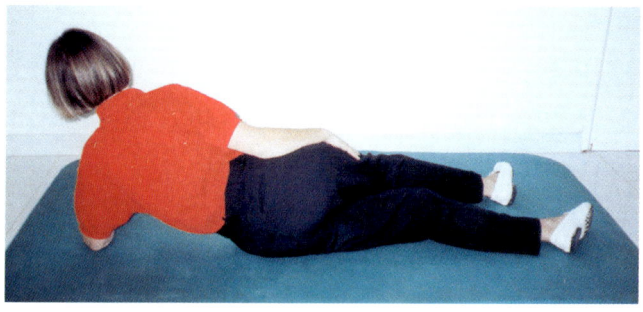

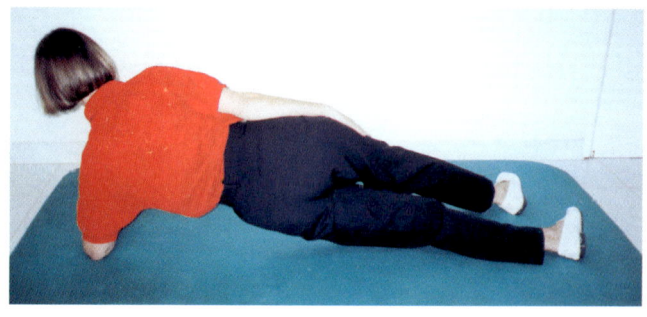

Übung 4.2.5

Muskeln: Hüftdreher

*Probleme: schlechte Gewichtsverlagerung und Drehung
der Hüften, Pullhook, Push*

Durchführung:

Nehmen Sie die normale Ansprechposition ein, stützen sich jedoch
mit den Armen ein wenig auf die Golfschläger ab. Schauen Sie auf
die Rückseite des Balles und drehen dann die rechte Hüfte nach links,
bis Sie die Anspannung auf beiden Innenseiten Ihrer Oberschenkel
spüren. Ihr Körpergewicht liegt nun auf der Innenseite des linken
Fußes. Halten Sie diese Position 10 Sekunden, ohne die Position
Ihres Kopfes zu verändern. Nach mehreren Wiederholungen mit
Pause beginnen Sie mit kurzen dynamischen Trainingseinheiten.

Fehler:

– Sie schwanken zu stark nach links
– der Oberkörper kommt hoch
– die Kopfposition verändert sich

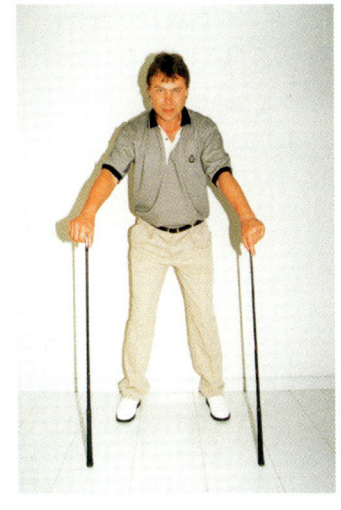 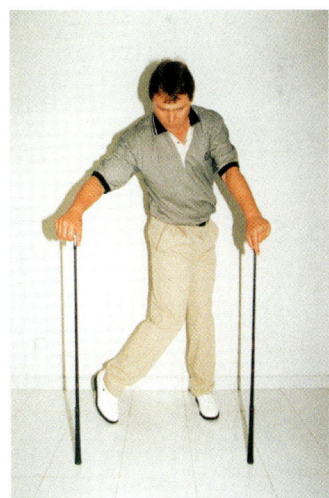

Muskeln: Hüft- und Beinmuskulatur
Probleme: schwache Beinmuskeln, mangelnde Stabilität, Hüftschwanken

Durchführung:

Sie stehen auf der Innenseite des linken Fußes und stützen sich auf der gleichen Seite mit einem Golfschläger ab. Das rechte Bein wird leicht angehoben und in die linke Seite gedreht. Wiederholen Sie diese Übung zügig 10 mal auf jeder Seite. Versuchen Sie es danach, ohne sich abzustützen.

Fehler:

– der Oberkörper schwankt oder wird mitgedreht
– die Belastung wird nicht auf der Fußinnenseite gehalten

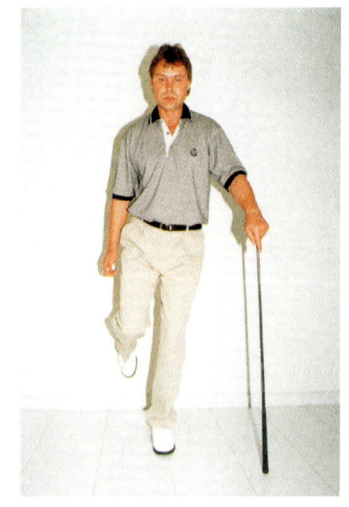 

Übung 4.2.7

Muskeln: *Hüftdreher*

Probleme: die linke Hüfte „aus dem Weg" zu drehen,
Pull, Push, flache Hooks

Durchführung:

Sie schieben einen Golfschläger hinter Ihren linken Oberschenkel
und führen eine Schulterdrehung wie beim Rückschwung durch.
Dabei verstärkt sich der Druck hinter dem linken Oberschenkel
immer mehr. Verlagern Sie nun Ihr Gewicht etwas nach links und
drehen die linke Hüfte „aus dem Weg". Verändern Sie dabei die
Position Ihrer Schultern nur minimal.

Fehler:

– der Winkel zwischen Oberkörper und Beinen wird aufgelöst
– die rechte Schulter bewegt sich zu früh nach vorne

Übung 4.2.8

Muskeln: *Beinmuskeln und Rückendreher*

Probleme: *Gewichtsverlagerung, Hochkommen beim Durchschwung, schlechte Hüftdrehung*

Durchführung:

Machen Sie die Rückschwungbewegung und heben dabei für kurze Zeit den linken Fuß vom Boden. Dann sind Sie sicher, daß Ihr Gewicht sich nach rechts verlagert hat. Führen Sie die in den vorangegangenen Übungen trainierte Hüftdrehung aus und verlagern dabei Ihr Gewicht nach links. Halten Sie die Endposition ein paar Sekunden und drücken dabei mit der Hand gegen die Wand.
Je öfter Sie diese Übung wiederholen, desto besser wird Ihr „Muscle Memory" für die rechte und linke Körperhälfte.

Fehler:

– die Hüfte bleibt zurück, die Kniespitze zeigt nicht zur Wand
– die rechte Schulter kommt hoch

Übung 4.2.9

Muskeln: *Schultergürtel-, Rücken- und Beinmuskeln*

Probleme: *nicht ausreichende Schulterdrehung, Hüftschwanken, Vor- oder Zurückfallen*

Durchführung:

Drehen Sie die linke Schulter in Richtung rechtes Knie und halten das Gewicht auf der Innenseite des rechten Fußes. Schauen Sie dabei von hinten auf den Golfball. Nach kurzer Zeit spüren Sie ein Anspannen der rechten inneren Oberschenkelmuskeln. Halten Sie diese Position 10 Sek. lang und wiederholen die Übung 5 mal zur gleichen Seite. Nach einer Pause üben Sie dynamisch zu beiden Seiten.

Fehler:

– Sie schwanken zu sehr auf die rechte Seite hinüber
– der Winkel zwischen Oberkörper und Beinen verändert sich
– das rechte Knie wird gestreckt

4.3 Koordination und Gewichtsverlagerung

Besonders bei älteren Golfern sieht man häufig Probleme hinsichtlich der Koordination von linker/rechter, vorderer/hinterer, oberer/unterer Körperhälfte. Bei jungen Menschen ist das Gefühl für die Stellung einzelner Körperabschnitte im Raum (sensomotorisches Feedback) gut ausgebildet. Ein mehrmals erlernter Bewegungsablauf wird ohne große Mühe instinktiv wiederholt. Dieses wird im Golfsport manchmal auch als „natural swing" bezeichnet.

Die Speicherungs- und Schaltfunktion des Gehirns als Befehlszentrale für die Muskeln kann auch trainiert werden. Die im folgenden gezeigten Übungen verbessern das Orientierungsgefühl des Körpers im Raum und sollten nach kurzer Zeit mit geschlossenen Augen durchgeführt werden. Regelmäßig durchgeführte, kurze Wiederholungen werden schon nach wenigen Wochen die koordinierte Zusammenarbeit der verschiedenen Körperhälften deutlich verbessern.

Übung 4.3.1

Problem: Koordination und Gewichtsverlagerung

Durchführung:

4.3.1 Neigen Sie den Oberkörper wie beim Ansprechen nach vorne, und stabilisieren Sie diese Position durch ein leichtes Auseinanderziehen des Golfschlägers. Verlagern Sie Ihr Gewicht rhythmisch von einer Seite auf die andere. Nach kurzer Zeit wiederholen Sie dieses mit geschlossenen Augen.

4.3.2 Nehmen Sie die normale Ansprechposition ein. Dann verlagern Sie das Gewicht nach vorne, ohne mit den Hacken hochzukommen. Stoßen Sie sich mit dem Schläger von der Wand ab und verlagern das Gewicht auf die Fersen. Wiederholen Sie dieses mit geschlossenen Augen.

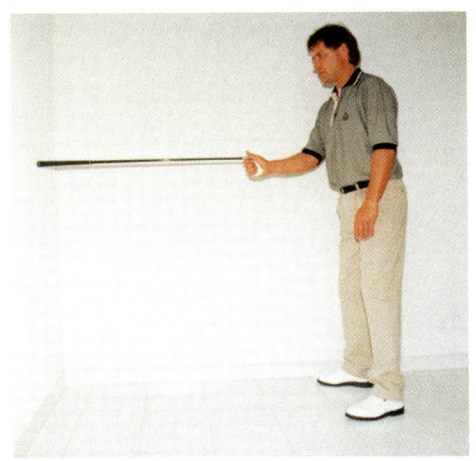

4.3.3 Sie stehen auf dem linken Bein, den Oberkörper leicht nach vorne geneigt. Führen Sie mit dem rechten Bein 10 Sekunden lang eine Achterbewegung durch und versuchen dabei das Gleichgewicht zu halten. Der Oberkörper sollte dabei nicht nach vorne oder hinten schwanken. Nach einer kurzen Pause wiederholen Sie dieses auf der anderen Seite. Danach führen Sie diese Übung mit geschlossenen Augen durch.

4.4 Schultergürtel und Armmuskeln

Schulter- und Armmuskeln sind für einen kraftvollen und kontrollierten Durchschwung verantwortlich. Die Muskelkette Hand, Arm, Schulter/Schulterblatt kehrt sich bei Beendigung des Rückschwunges um und soll dann in umgekehrter Reihenfolge arbeiten. Ein häufiger Fehler ist das zu frühe Einsetzen dieser Muskelkette, nämlich zu einem Zeitpunkt, in dem das Gewicht noch gar nicht nach vorne verlagert worden ist. Ebenso häufig sieht man eine verfrühte Aktivität der Handgelenke schon bei Beginn des Vorschwunges. Dieses kann zu „fett" getroffenen Bällen, aber auch zu getoppten Schlägen führen. Der Ball wird dann erst in der Aufwärtsbewegung des Schlägers getroffen. Eine weitere Ursache für unkontrollierte Schläge stellt das falsche Abwinkeln der Handgelenke dar. Golfer mit eingeschränkter Beweglichkeit der Wirbelsäule sind manchmal auf Schwungtechniken angewiesen, die auf einem verstärkten Einsatz der Handgelenke basieren. Aus diesem Grunde werden in diesem Abschnitt auch einige Übungen zur Kräftigung der Handmuskeln gezeigt.

Ein koordinierter Einsatz der Muskelkette Schulter/Arm/Hand kann außerdem eingeschränkt sein

– bei mangelnder Drehung des Schultergürtels
– bei unzureichender Stabilisation der unteren Körperhälfte durch die Bein- und Hüftmuskeln
– bei Verlust des Winkels Oberkörper/Beine

Übung 4.4.1 und 4.4.2

Muskeln: Schultergürtel und Schultermuskeln
Probleme: zu schwacher Durchschwung,
der Ball wird zu spät getroffen

Durchführung:

4.4.1 Sie sitzen in vorgeneigter Stellung, die Beine gut abgewinkelt. Die rechte Hand umfaßt den linken Ellenbogen und zieht den Oberkörper in die Rechtsdrehung. Bleiben Sie in dieser Position und geben mit dem Ellenbogen Druck in Richtung linkes Knie. Spüren Sie das Einwärtsziehen des linken Schulterblattes zur Wirbelsäule hin sowie die Anspannung der Schultermuskeln. Halten Sie die Spannung 10 Sek. Nach einer gleichlangen Pause wiederholen Sie diese Übung 5 mal.

4.4.2 Versuchen Sie die gleiche Übung im Stehen.

Fehler:
– Sie versuchen, den Oberkörper zurück nach links zu drehen
– die untere Körperhälfte bewegt sich mit

Übung 4.4.3 und 4.4.4

Muskeln: *Oberarmstrecker und Handmuskeln links*
Probleme: *schwacher Durchschwung, unkontrollierte oder getoppte Schläge*

Durchführung:

4.4.3 Umgreifen Sie einen Schwamm mit den letzten drei Fingern der linken Hand und pressen ihn zusammen. Dann drehen Sie den Unterarm im entgegengesetzten Uhrzeigersinn. Dabei sollen Unterarm und Handrücken eine Linie bilden.

4.4.4 Führen Sie mit der Hand die gleiche Bewegung aus und strecken den gesamten Arm hinter Ihrem Körper weg, bis Sie die Oberarmmuskeln spüren. Halten Sie die Anspannung mindestens 10 Sekunden und wiederholen dieses nach einer Pause 5 mal.

Fehler:

– das Handgelenk knickt zu einer Seite ab

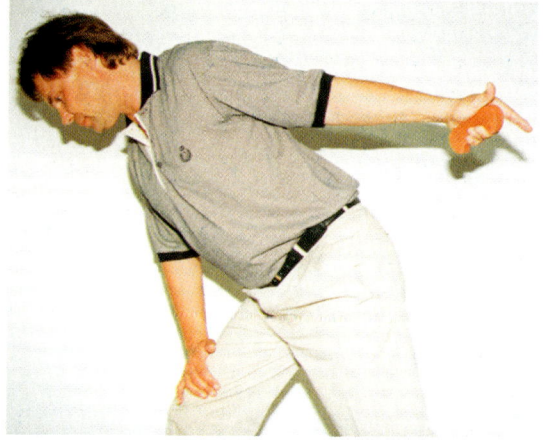

Muskeln: **Unterarm- und Handmuskeln**

Probleme: a) *falsches Abwinkeln der Handgelenke,*
zu frühes Freigeben

b) *schwache Handgelenke,*
mangelnde Schlägerkontrolle

Durchführung:

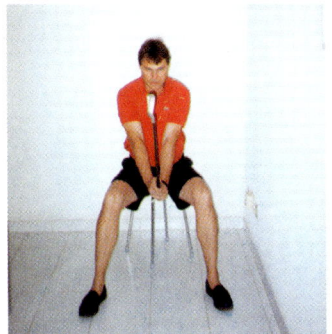

4.4.5 Nehmen Sie Ihre korrekte Griff-position ein und legen das Schläger-blatt vor sich auf den Boden. Bringen Sie den Schlägerschaft mit den letzten drei Fingern der linken Hand in einen 90-Grad-Winkel mit dem Arm, und halten Sie diese Position 10 Sekunden. Das Schlägerblatt zeigt senkrecht nach oben. Wiederholen Sie nach einer Pause diese Übung 5 mal.

4.4.6 Umgreifen Sie zwei Golfschläger und pressen die Griffe fest zusammen. Führen Sie dann mit beiden Handgelenken eine entgegengesetzte Drehbewegung aus, und üben Sie rhythmisch. Vermeiden Sie eine Überbelastung der Unterarme.

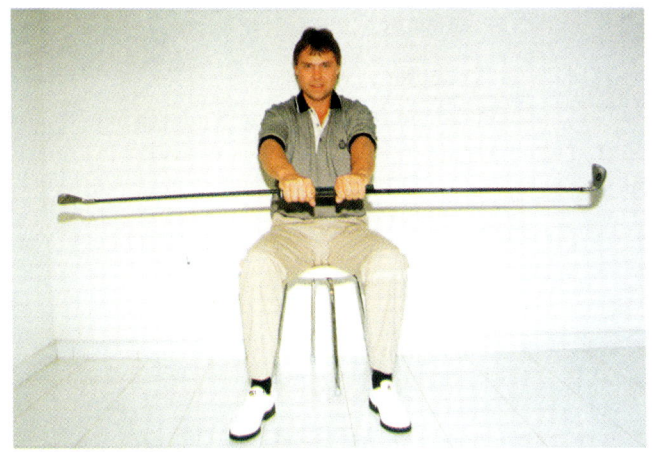

Übung 4.4.7

Muskeln: *Arm- und Handmuskeln*

Probleme: *mangelnde Schlägerkontrolle, hohe Schläge, aber auch getoppte Bälle*

Durchführung:

Halten Sie einen Golfschläger waagerecht vor Ihrem Körper in Höhe der Gürtellinie. Lösen Sie den Zeigefinger, sodaß der Schläger von den letzten drei Fingern und vom Daumen gehalten wird. Bringen Sie den Schläger langsam in eine senkrechte Position, und wiederholen dieses 5 mal. Danach erfolgt eine

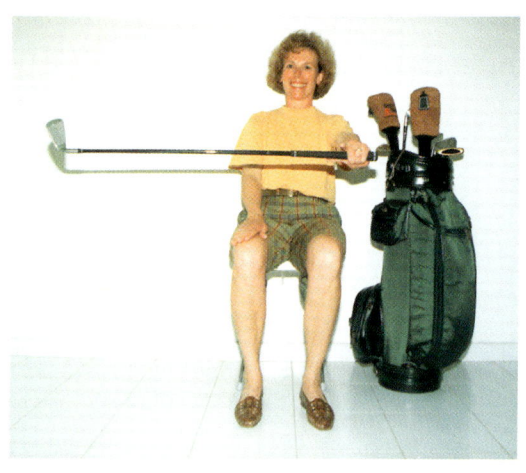

doppelt so lange Pause. Diese Übungsserie wird zunächst 3 mal wiederholt. Vermeiden Sie eine Überbelastung der Unterarmmuskeln

(Tennisellenbogen). Bei fortgeschrittenem Muskelaufbau heben Sie den Arm bis in Schulterhöhe und führen die gleiche Übung durch.

Fehler:

– Sie überlasten die Unterarmmuskeln
– die linke Schulter wird hochgezogen, der seitliche Nacken verkrampft

5. Entspannungstraining

Nach einer weniger guten Runde hört man von Golfern oft den Kommentar: „Ich habe mich verkrampft". Versuchen Sie, sich nach einer Übungsstunde auf der Driving Range einmal daran zu erinnern, was Sie gelernt haben, so fällt Ihnen sofort der Satz des Golflehrers ein: „Lassen Sie die Arme locker herunterhängen." Warum gelingt es uns nicht, den Spannungszustand unserer Muskeln mit eigener Willenskraft zu beeinflussen?

Die Spannungsregulierung unserer Muskulatur ist von vielen Faktoren abhängig. Zunächst sind es die neuromuskulären Meldungssysteme oder „Rezeptoren" in unserem Körper, die äußerliche Einflüsse aufnehmen und entsprechend reagieren. Bei einer mechanischen Überbelastung reagiert der betroffene Muskel mit Steifigkeit im Sinne einer Schutz- oder Schonhaltung. Auch ständige Fehlbelastungen wie z. B. langes Sitzen, Bewegungsmangel usw. führen zu schmerzhaften Verspannungen, die sich chronifizieren können.Während normaler Streß als positiv einzustufen ist, weil er die Fähigkeiten unseres Gehirns trainiert, kann ein überfordernder geistiger oder körperlicher Dauerstreß unser Muskelsystem ebenfalls aus dem Gleichgewicht bringen.

Das Zusammenspiel mehrerer Faktoren führt dazu, daß die Muskulatur einen Teil ihrer Fähigkeit verliert, ihren eigenen Spannungszustand zu regulieren. Ein ausgewogenes Verhältnis liegt dann vor, wenn die Muskulatur die Möglichkeit hat, sich durch ausgleichendes Training zu regenerieren. Ein regulierendes Übungsprogramm sollte auch Elemente beinhalten, die auf das Abbauen psychischer Anspannung gerichtet sind. Entspannungsübungen können dabei helfen, die Kommunikation des Gehirns mit den ausführenden Organen, den Muskeln, zu verbessern. Sie bauen eine Filterfunktion für Reize auf und lassen Informationen, die ein ruhiges Verhalten in belastenden Situationen stören, nicht in das Bewußtsein ein. Durch die Konzentration auf bestimmte Körperabschnitte, eine Hinwendung nach innen, wird ein psycho-physisch entspannter und gelöster Zustand erreicht, der auch schmerzhafte Muskelverspannungen umlenken kann.

Übungen zur Regulierung der Muskelspannung gehören zum Trainingsprogramm eines jeden Leistungssportlers, gewinnen aber auch in anderen Bereichen immer mehr an Bedeutung. Komplizierte Bewegungsabläufe und koordinierte Feinarbeit der Muskelketten, wie sie beim Golfspielen praktiziert werden, sind nur möglich bei einem ausgeglichenen Verhältnis von Bewegung und Psyche. Die folgenden Übungen sollen Ihre Fähigkeit verbessern, Streßfaktoren abzubauen und den Spannungszustand der Muskeln zu regulieren. Sie fördern Ihre Konzentration und tragen zu einem besseren Körper- und Bewegungsgefühl bei.

Versuchen Sie es einmal mit diesem Entspannungsprogramm:
- Schalten Sie entspannende oder klassische Musik ein
- Lassen Sie sich nicht stören
- Legen Sie sich bequem auf den Rücken (evtl. Kopf und Knie unterlagern)
- Versuchen Sie, sich ein wenig zu entspannen
- Konzentrieren Sie sich nun auf ein Körperteil (z. B. linker Arm)
- Drücken Sie den Arm zunächst für ein paar Sekunden fest auf den Boden
- Lassen Sie locker und beginnen sich zu befragen:
  Wie liegt mein Arm? – nach innen oder außen gedreht –
  Zeigen die Handflächen nach oben oder unten?
  Ist die Auflagefläche groß oder klein?
  Ist mein Arm schwer oder leicht?
  Liegt er nah am Körper oder etwas abgepreizt?
- Versuchen Sie nun, sich mit ähnlichen Fragen durch andere Körperabschnitte zu tasten, z. B. in der Reihenfolge Arme, Beine, Kopf, Schultergürtel, Wirbelsäule
- Schließen Sie mit den Fragen:
  Wie liegt mein ganzer Körper auf?
  Ist die Auflagefläche groß oder klein?
  Habe ich ein Wärmegefühl im Körper?
  Ist meine Atmung tief oder flach?
  Gleichmäßig oder unregelmäßig?
  Atme ich mehr im Bauch oder im Brustbereich?
  Atme ich mehr durch den linken oder rechten Lungenflügel?

Nachdem Sie diese „Tastarbeit" abgeschlossen haben, spannen Sie nacheinander Faust, Arme, Beine und Rumpfmuskeln an und versuchen bewußt den Unterschied zwischen Anspannung und Entspannung zu empfinden. Konzentrieren Sie sich dabei auf die Erholungsphasen. Mit fortschreitender Fähigkeit, den Spannungszustand der Muskeln zu regulieren, wird es Ihnen gelingen, diese Übungen auch in sitzender Position auszuführen.

6. Physiotherapeutisches Übungsprogramm

Die in diesem Kapitel angegebenen speziellen Übungen zur Selbstbehandlung von schmerzhaften Verspannungen wurden nach physiotherapeutischen Gesichtspunkten ausgewählt. Es werden Therapievorschläge zur Behandlung von Problemzonen gemacht, die nach unserer Erfahrung bei Golfern besonders betroffen sind. Bei Kenntnis der eigenen Beschwerden sollten die Übungen auch vorbeugend durchgeführt und über einen längeren Zeitraum zur täglichen Gewohnheit werden. Immer wieder mußten wir feststellen, daß in Gruppen durchgeführte Übungen zu völlig unterschiedlichen Ergebnissen führten. Aus diesem Grunde sind zu den einzelnen Problemkreisen mehrere Möglichkeiten zur Selbstbehandlung aufgeführt. Testen Sie selbst, welche Übungen bei Ihnen von Nutzen sind.

Bei chronischen Beschwerden in sogenannten Schwachzonen (z. B. Hals- und Lendenwirbelsäule) sollte man nach Abklingen der akuten Schmerzen bei einem Physiotherapeuten Übungen zum Aufbau einer Muskelbalance erlernen. Nur auf diese Weise kann ein Gelenk stabilisiert und vor erneuter Überbelastung geschützt werden. Das im Abschnitt „Training" bereits erläuterte Basisprogramm (Übung 4.1.1) bildet hier einen wichtigen Anfang. Eine in mehreren Sitzungen erlernte Haltungskorrektur kann weiter dazu beitragen, das betroffene Gelenk zu entlasten und auf diese Weise eine längerfristige Besserung zu erzielen.

Häufig konnten wir Beschwerden im Bereich der unteren Wirbelsäule beobachten, die auf eine mangelhafte Schwungtechnik zurückzuführen sind. Ein ökonomisch ausgeführter Schwung dagegen stellt auch bei degenerativen Rückenproblemen keine physiologische Überbelastung dar. Bei ständig wiederkehrenden Schmerzen sollte deshalb eventuell zusätzlich eine Veränderung der Schwungtechnik mit Ihrem Golflehrer diskutiert werden.

Folgende Regeln sind zu beachten:
– Versuchen Sie, Ihre Beschwerden den beschriebenen Symptomen zuzuordnen.
– Machen Sie zuerst eine Probebehandlung.
– Achten Sie unbedingt auf eine korrekte Ausgangsstellung und Durchführung der Übung.
– Beginnen Sie mit jeder Behandlung äußerst schonend.
– Beachten Sie die allgemeinen Regeln im Kapitel „Dehnübungen".
– Konsultieren Sie bei sich verstärkenden Schmerzen einen Arzt.

6.1 Nackenschmerzen

Nackenschmerzen treten meistens in Form von muskulären Verspannungen oder ausstrahlenden Schmerzen auf, die bis in den Arm oder ins Schulterblatt ziehen. Auch Kopf- u.Hinterhauptschmerzen können durch eine Überlastung der Wirbelsäule hervorgerufen werden, die sich wiederum in Form von Muskelsteifigkeit bemerkbar macht. Beim Auftreten von Schmerzen sollten zunächst schonende Dehnübungen erfolgen. Diese können auch mit Wärmeanwendungen kombiniert werden (heiße Dusche, Combipackung Wärme/Kälte zu Hause erhitzt, wärmeerzeugende Salben). Auch eine entlastende Ruhelagerung bringt oft Besserung. Bei Taubheitsgefühlen, „Ameisenkribbeln" und einem einschießendes „elektrisches" Gefühl ist es ratsam, einen Arzt aufzusuchen.

Übung 6.1.1

Durchführung:

Sie sitzen auf einem Stuhl oder Hocker und halten sich mit der zu dehnenden Seite an der Sitzfläche oder am Hockerbein fest. Umgreifen Sie mit der anderen Hand Ihren Kopf über dem Ohr und ziehen ihn langsam zur Seite. Wiederholen Sie diese Übung 4 – 5 mal.

Fehler:

– Sie ziehen den gesamten
   Oberkörper zur Seite
– der Kopf fällt in den Nacken
– die Schulter der zu dehnenden Seite
   wird hochgezogen

Übung 6.1.2

Durchführung:

Legen Sie eine Hand auf die obere Gesichtshälfte der schmerzhaften Seite. Die andere Hand wird fest gegen die gegenüberliegende Nackenseite gelegt. Drücken Sie den Kopf langsam zur Seite und nach hinten und schauen dabei in Drehrichtung. Halten Sie die erreichte Position mindestens 10 Sekunden. Nach einer ebenso langen Pause wiederholen Sie dieses 4 – 5 mal.

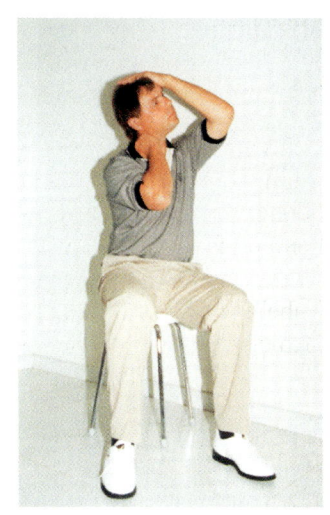

Fehler:

– die rechte Hand versucht zu „massieren"
– der Nacken wird überstreckt
– bei auftretendem Schwindel brechen Sie die Übung sofort ab

Übung 6.1.3

Durchführung:

Der Arm liegt entspannt seitlich auf einem Tisch. Das Schulterblatt wird heruntergezogen. Umfassen Sie den Kopf unterhalb des Ohres und ziehen ihn zur Seite und nach vorne.

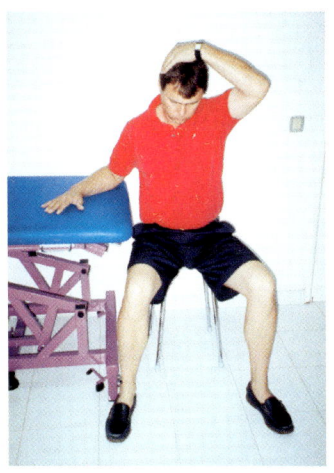 

Übung 6.1.4

Durchführung:

Die Beine sind angewinkelt oder in Stufenlagerung. Der Hinterkopf wird mit einem flachen Kissen so unterlagert, daß die Halswirbelsäule frei liegt. Diese Entlastungshaltung wird 10 Minuten beibehalten.

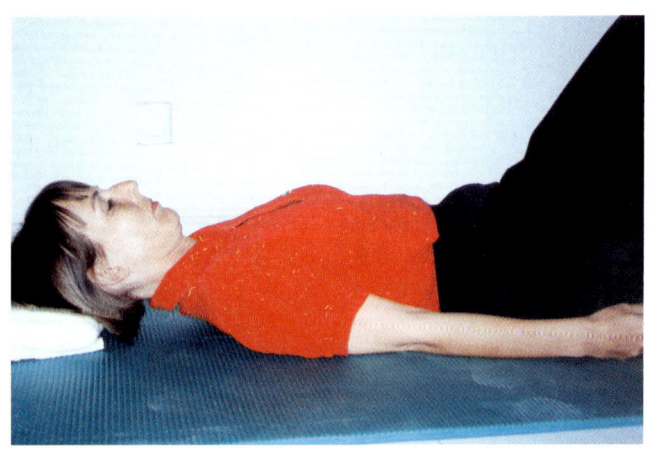

Übung 6.1.5

Diese Stabilisationsübungen sollten bei häufig auftretenden
Nackenbeschwerden routinemäßig durchgeführt werden,
um die Muskelbalance der Nackenregion und des Schultergürtels
zu fördern.

Sie sitzen gerade aufgerichtet auf einem Stuhl/Hocker und
kontrollieren Ihre Haltung vor einem Spiegel. Nehmen Sie eine
„Doppelkinnposition" mit dem Kopf ein. Geben Sie mit den Händen
einen leichten Gegendruck von der Seite, von hinten und vorne,
und halten Sie dabei unbedingt Ihre Ausgangsposition ein.
Eine Anspannungsdauer von 5 Sekunden mit einer mindestens
gleichlangen Pause sichert einen optimalen Erfolg dieses
Stabilisationsprogrammes.

Fehler:

– Sie drücken mit mehr als 50 % Ihrer Maximalkraft
– Sie verändern Ihre Ausgangsposition
– Sie gehen zu sehr ins Hohlkreuz
– die Nackenmuskeln verkrampfen

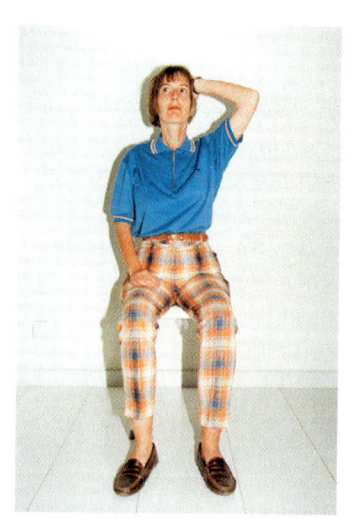

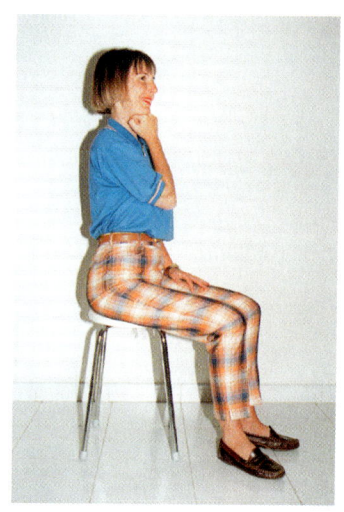

6.2 Schmerzen im Bereich der mittleren Wirbelsäule und Rippen

Nicht selten treten bei golfsportlicher Aktivität Schmerzen zwischen den Schulterblättern oder im seitlichen Rippenverlauf auf, die manchmal auch beim Einatmen zunehmen können. Eine häufige Ursache ist eine Fehlbelastung der Wirbelsäule in gebeugter Stellung sowie sogenannte Hackschläge, bei denen die Wirbel- und Rippengelenke überlastet werden. Verspannungen der Interkostalmuskeln sind Begleiterscheinungen.

Übung 6.2.1

Durchführung:

Legen Sie sich mit angestellten Beinen auf ein zusammengerolltes großes Handtuch oder eine Knierolle. Nachdem Sie durch leichte Anspannung der Bauchmuskeln den Oberkörper für einige Sekunden etwas angehoben haben, lassen Sie den Brustkorb in der Ausatmungsphase entspannt zurücksinken und atmen ruhig dabei weiter.
Diese Position wird 1 Minute gehalten. Wiederholen Sie diese Übung 4 – 5 mal.

Fehler:

– Sie atmen unregelmäßig
– ruckartiges Hochkommen in der Anspannungsphase

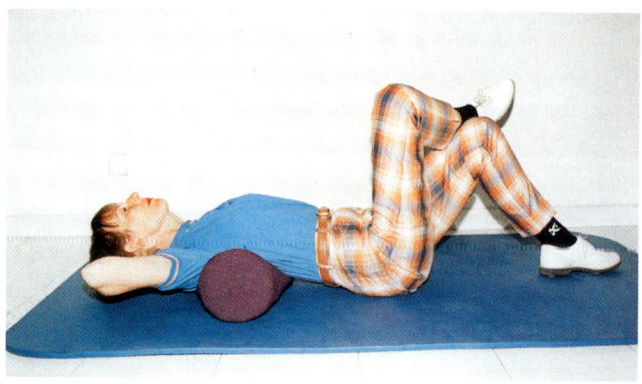

Übung 6.2.2

Durchführung:

Sie sitzen auf einem Stuhl, die Arme über dem Kopf verschränkt.
Die Rückenlehne des Stuhls sollte bis in Schulterblatthöhe reichen
und wird mit einem Handtuch abgepolstert. Um eine Hohlkreuz-
bildung zu vermeiden, stellt man die Beine auf eine Erhöhung. Atmen
Sie tief ein und lehnen sich beim Ausatmen langsam nach hinten.
Behalten Sie diese Position 30 Sekunden bei und wiederholen die
Übung 4 – 5 mal. Kombinieren Sie diese Übung auch mit Übung 3.1.5.

Fehler:

– der Kopf fällt in den Nacken
– ruckartiges Wippen nach hinten
– Dehnen ins Hohlkreuz

Übung 6.2.3 (Rippen)

Durchführung:

Sie liegen mit übereinandergestellten Beinen auf dem Rücken.
Bei starker Hohlkreuztendenz können die Beine auch angewinkelt
und mit den Füßen gegen die Wand gestützt werden. Das Kopfkissen
sollte nicht unter der rechten Schulter liegen. Nehmen Sie ein ca. 1 kg
schweres Gewicht in die rechte Hand und halten den Arm in Augen-
höhe. Die linke Hand umfaßt nun den Brustkorb etwas unterhalb der
schmerzenden Rippen und preßt beim Einatmen nach links und unten.
Gleichzeitig wird der rechte Arm so weit wie möglich abgesenkt.
Diese Dehnung wird mindestens 15 Sekunden beibehalten und kann
bis auf 1 Minute gesteigert werden.

Fehler:

– Sie atmen während der Dehnung unregelmäßig
– der Druck gegen den Brustkorb ist zu leicht

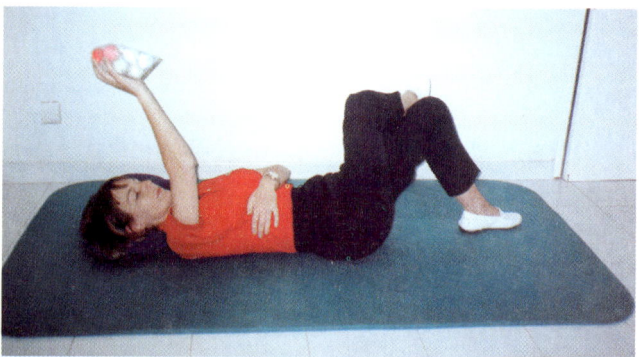

Übung 6.2.4 (Interkostalmuskeln)

Durchführung:

Sie liegen in stabiler Seitenlage, das unten liegende Bein angewinkelt. Um die schmerzende Seite (oben) aufzudehnen, legen Sie ein Kissen unter Ihren Brustkorb. Atmen Sie tief ein und schieben den oben liegenden Arm über den Kopf hinaus. Halten Sie diese Position mindestens 15 Sekunden und atmen dabei normal weiter. Nach einer Pause wiederholen Sie diese Übung 4 – 5 mal.

Fehler:

– das Becken fällt nach hinten
– zu starke Hohlkreuzbildung

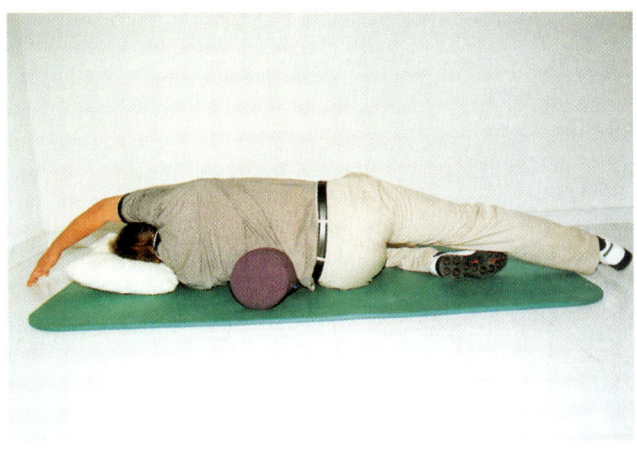

6.3 Schmerzen im unteren Rücken

Rückenbeschwerden im Lendenbereich können bei unkontrollierten Drehbewegungen, Fehl- und Überbelastungen der Wirbelsäule auftreten. Eine häufige Ursache ist eine fehlende muskuläre Balance im Sinne einer Abschwächung von Bauch-, Rücken- oder Beinmuskeln. Ein gezieltes Training dieser Muskelgruppen bietet deshalb den besten Schutz vor Schädigungen. Bei akuten Beschwerden sollte man zunächst eine entlastende Ruhelagerung durchführen. Eine ergänzende Wärmebehandlung oder ein warmes Bad bringt zusätzlich Erleichterung. Es folgen Dehnungen der verspannten Rückenmuskeln und Übungen zur Wiedererlangung der normalen Beweglichkeit. Beim Auftreten von Taubheitsgefühlen oder „Ameisenkribbeln" in den Beinen ist es ratsam, einen Arzt oder erfahrenen Physiotherapeuten aufzusuchen.

6.3.1 Eine Druckentlastung der Lendenwirbel erreichen Sie, wenn Sie die Beine abgestuft im 90-Grad-Winkel hochlagern. Durch einen leichten Druck der Füße gegen die Wand schaffen Sie eine weitere Entlastung in der unteren Wirbelsäule. Diese Lagerungsposition kann beliebig lange eingehalten werden.

6.3.2 Sie umfassen beide Knie und ziehen sie vorsichtig zur Brust. Drücken Sie nun beide Knie ein wenig gegen Ihre Hände in Richtung Decke, ohne diese zu bewegen. Halten Sie die Anspannung 5 Sekunden, entspannen Sie sich und ziehen die Beine erneut Richtung Brustkorb (30 Sekunden). Wiederholen Sie diese Übung 5 mal.

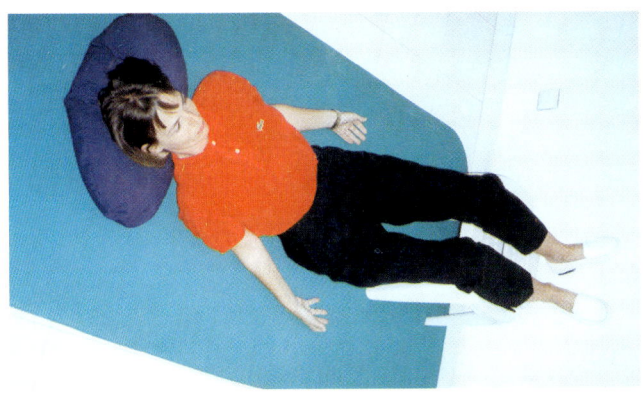

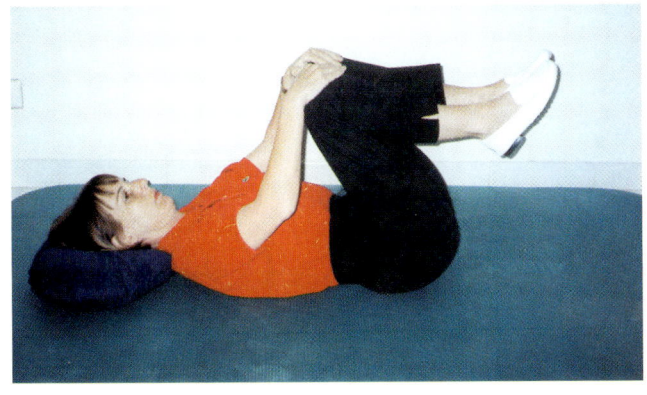

Übung 6.3.3 (Ischias)

Durchführung:

Diese Dehnung kann bei Schmerzen, die in eine Gesäßhälfte ausstrahlen, durchgeführt werden. Sie sitzen gerade auf einem Stuhl, umfassen das Knie der betroffenen Seite und ziehen es vorsichtig etwas zu sich heran. Bringen Sie dann den aufgerichteten Oberkörper weiter nach vorne, bis Sie eine Dehnung im Gesäßbereich spüren. Halten Sie die erreichte Position 10 Sekunden und wiederholen dieses nach einer Pause 4 – 5 mal. Tritt ein Schmerz in der Leistengegend auf, so ist diese Übung für Sie ungeeignet. Beenden Sie die Übung ebenfalls, wenn Sie Taubheitsgefühle in Ihrem Bein spüren.

 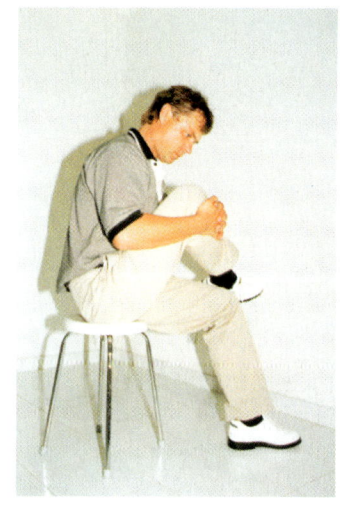

Übung 6.3.4

Durchführung:

Sie liegen entspannt auf dem Bauch, die Arme seitlich neben dem Körper abgewinkelt. Die Aufrichtung der Wirbelsäule bis in den Unterarmstütz ist die erste Aufgabe und sollte zunächst probeweise 10 Sekunden beibehalten werden. Spüren Sie eine Druckentlastung im Bandscheibenbereich, wiederholen Sie diese Übung nach einer Pause und verlängern die Dehndauer stufenweise bis auf 30 Sekunden.

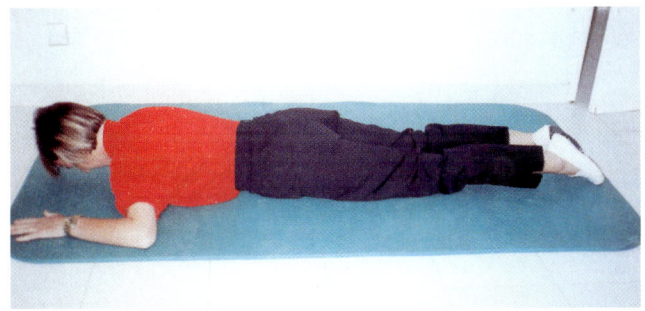

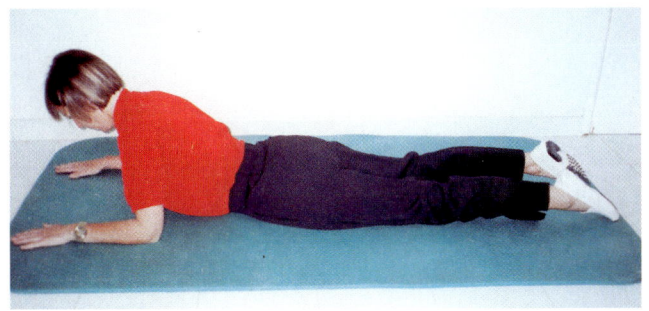

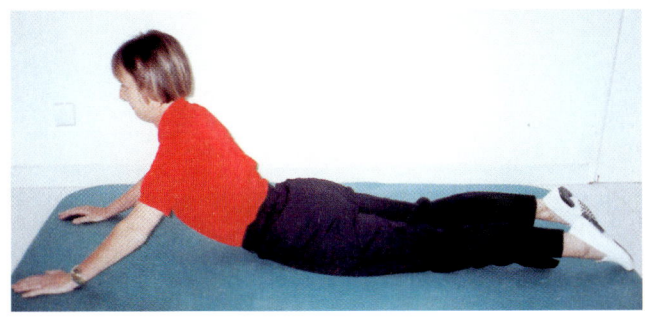

6.4 Schulterschmerzen

Schulterprobleme treten bei Golfern vor allem durch Überbelastung
der Sehnen der Rotatorenmuskeln auf. Die Drehung des Armes nach
innen/außen und oben ist schmerzhaft eingeschränkt. Entlastende
Pendelbewegungen und Dehnungen (Übungen 3.2.3 – 3.2.7) schaffen
hier eine Erleichterung und sollten regelmäßig durchgeführt werden.
Auch Kälteanwendungen können zu einer Linderung der Beschwerden beitragen.

Übung 6.4.1 und 6.4.2

Durchführung:

Nehmen Sie ein kleines Gewicht (max. 2 kg) in die Hand, so daß
der Daumen nach vorne zeigt. In vorgebeugter Stellung führen Sie
nun kleine Pendelbewegungen aus. Dabei ist darauf zu achten,
daß diese Bewegung nicht mit Kraft, sondern mit Schwung stattfindet
und der Radius nicht zu groß wird. Beginnen Sie mit dem Pendeln
nach vorne und hinten, dann zur Seite.

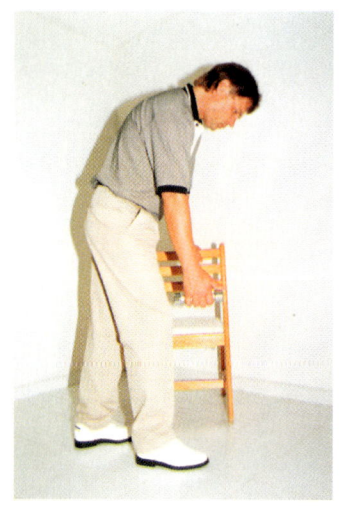 

6.5 Tennisellenbogen

Der Tennisellenbogen ist eine schmerzhafte Überlastung der Unterarm- und Handmuskelsehnen und tritt gerade bei Golfsportlern häufig auf. Typisch sind Schmerzen an der Außenseite des Armes, die sich bei Beugung und Streckung im Ellenbogengelenk, aber auch bei Greifbewegungen der Hände verschlimmern. Ausgelöst werden diese Beschwerden vor allem durch nicht sauber getroffene Bälle oder „Hacker". Gezielte Dehnungen zur Entlastung der Sehnen in Kombination mit Kälteanwendungen und Einreibung mit entzündungshemmenden Sportsalben sind in besonders hartnäckigen Fällen mehrmals täglich durchzuführen. Spezielle Massagen (Querfriktionen), Laserakupunktur und Elektrotherapie können ergänzend Erfolg bringen. Bei starken Schmerzen wird eine Ruhepause von mindestens drei Wochen angeraten. Auch kleine ausdauernde Bewegungen der Hände wie z. B. Computerarbeit können die Beschwerden verschlimmern. Zur Entlastung während des Spieles wird das Tragen einer Spezialbandage empfohlen. Auch weichere Schlägerschäfte mindern die Belastung der Armgelenke.

Durchführung:

Sie stehen seitlich an einem Tisch, der Handrücken des schmerzenden Armes wird auf die Tischplatte gelegt. Ein zusammengefaltetes Handtuch kann zur Polsterung dienen. Das Handgelenk wird mit der Kleinfingerseite des gesunden Armes fixiert. Strecken Sie nun langsam den Ellenbogen und drehen die Ellenbogenfalte von sich weg, bis Sie eine Dehnung der Unterarmmuskeln spüren. Halten Sie diese Position mindestens 10 Sekunden, und wiederholen Sie dieses mit Pausen 5 mal. Führen Sie die Dehnung mehrmals täglich durch, und steigern Sie die Dehndauer langsam bis auf 1 Minute. Ergänzen Sie die Behandlung mit Kälteanwendungen und Salben.

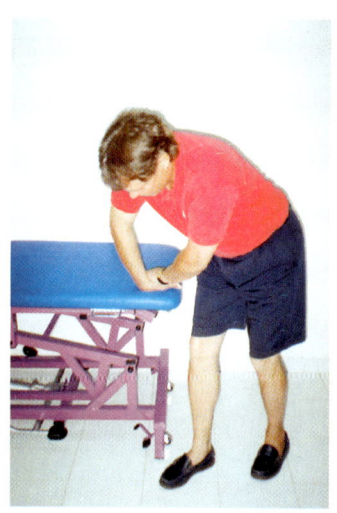 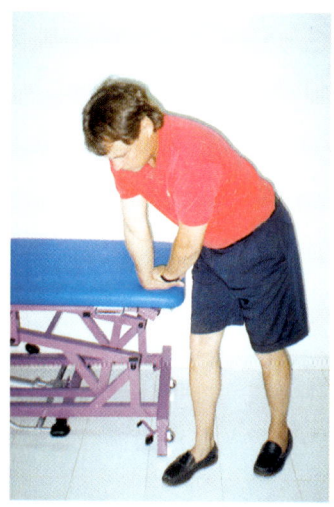

6.6 Golfarm

Der Golfarm ist bei weitem nicht so häufig wie der Tennisellenbogen, tritt jedoch zuweilen bei Spielern auf, die einen verstärkten Einsatz ihrer Handgelenke bevorzugen. Auch hier kommt es bei Belastung zu Schmerzen im Ellenbogenbereich mit Ausstrahlungen in den Unterarm, jedoch an der Innenseite des Gelenkes. Spezielle Dehnungen kombiniert mit den beim Tennisellenbogen beschriebenen Hilfsmaßnahmen können bei einer konsequenten Durchführung zu einer Besserung führen.

Durchführung:

Sie stehen nach vorne über den Tisch gebeugt, das Ellenbogengelenk ist in leicht angewinkelter Stellung. Umgreifen Sie mit den Fingern leicht die Tischplatte, dann strecken Sie den Unterarm durch und drehen die Ellenbogenfalte zu sich hin.

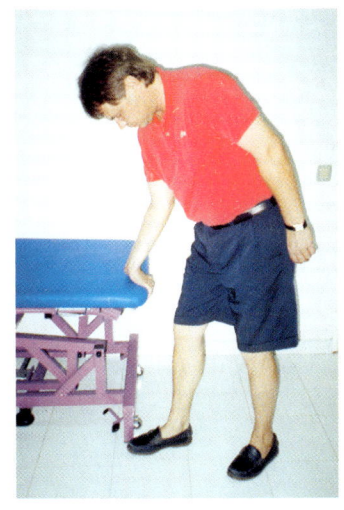 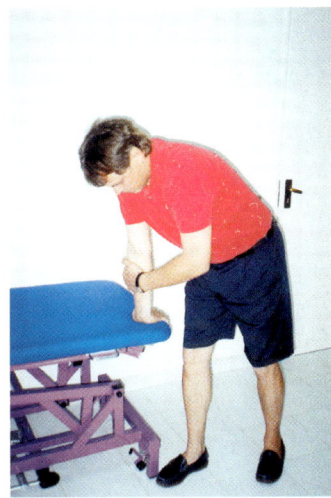

6.7 Hüft- und Kniebeschwerden

Schmerzen in Knie und Hüfte können mit Zugbewegungen mittels eines Gewichtes gelindert werden. Grundsätzlich gilt die Devise: Bewegen ohne Belastung. Eine Kältebehandlung am Knie wirkt bei Schwellung und Schmerzen oft wohltuend, danach sollten leichte Pendelbewegungen ohne Kraftaufwendung durchgeführt werden. Vermeiden Sie bei Schmerzen auch maximale Beugebewegungen in Knie und Hüfte.

Übung 6.7.1 und 6.7.2

6.7.1 Stehen Sie gerade auf einer Erhöhung und lassen das schmerzende Bein locker herunterhängen. Beginnen Sie mit leichten Pendelbewegungen im Hüftgelenk, und behalten Sie nur einen begrenzten Bewegungsradius bei. Vermeiden Sie ein zu starkes Mitschwanken des Oberkörpers. Nach einer Minute lassen Sie das gesamte Bein 30 Sekunden ruhig aushängen. Nach einer weiteren Pause wiederholen Sie die Übung 5 mal.

6.7.2 Sie sitzen auf einem Tisch und befestigen ein Gewicht (max. 2 kg) an Ihrem Fußgelenk. Lassen Sie den Unterschenkel zunächst eine Minute in 90-Grad-Stellung hängen und beginnen dann mit leichten Pendelbewegungen (2 Min.). Nach einer weiteren einminütigen Pause pendeln Sie erneut. Gesamtdauer der Übung: 6 Minuten mehrmals täglich.

 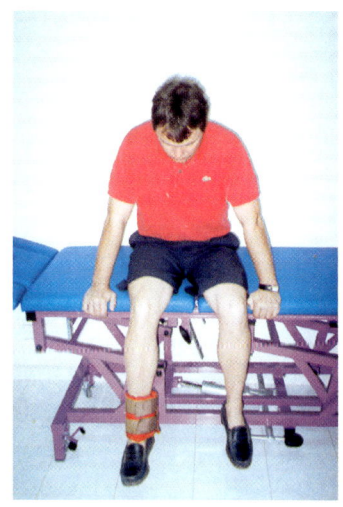

6.8 Muskelzerrungen

Muskelzerrungen in den Beinen können bei Überbelastung, unzureichender Vorbereitung oder Trainingsmangel auftreten. Spezielle Dehnungen entkrampfen den betroffenen Muskel und bringen bei richtiger Durchführung schnelle Hilfe. Sie sollten auch routinemäßig beibehalten werden. Auch Kälteanwendungen lindern die Schmerzen und verbessern die Durchblutung, sollten allerdings nie länger als 10 Minuten ohne Pause erfolgen. Ein schonendes Aufbautraining der betroffenen Muskulatur (siehe Kapitel „Training") führt zu einer langfristigen Besserung.

6.8.1 Oberschenkelzerrungen

Die Zerrung am Oberschenkel ist gekennzeichnet durch ziehende Schmerzen im vorderen Oberschenkelbereich (M. quadriceps). Die hier gezeigte Übungskombination beinhaltet auch eine Dehnung der vorderen Hüftbeugemuskeln, die oft Auslöser für Leisten- und Rückenbeschwerden sind. Eine weitere Übung finden Sie im Abschnitt „Dehnungen" (Übung Nr. 3.2.10).

6.8.1.1 Knien Sie auf dem Boden, die Kniescheibe gut abgepolstert. Legen Sie ein Handtuch um Ihr Fußgelenk und ziehen das Bein langsam in die Beugung, bis Sie die Dehnung des Oberschenkelmuskels spüren. Halten Sie Ihren Oberkörper dabei leicht nach vorne geneigt. Dehndauer: 15 – 30 Sekunden. Wiederholung: 4 – 5 mal.

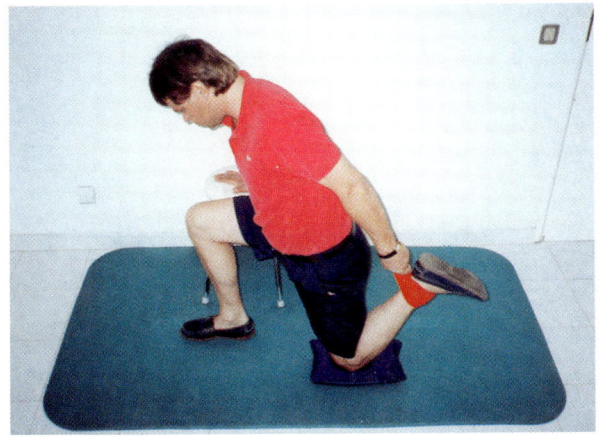

Übung 6.8.1.2 und 6.8.1.3

6.8.1.2 Diese Übung dehnt weitere Anteile des Oberschenkelstreckers (M. quadrizeps). Legen Sie Ihren Unterschenkel auf einen Stuhl und unterlagern ihn mit einem Kissen. Das Fußgelenk liegt etwas außerhalb der Stuhlkante. Gehen Sie nun langsam mit dem Gesäß in Richtung Ferse und stützen sich dabei auf der Stuhllehne ab. Eine maximale Dehnung erreichen Sie, wenn Ferse und Sitzbeinknochen sich berühren. Achten Sie auf eine Überforderung des Kniegelenkes.

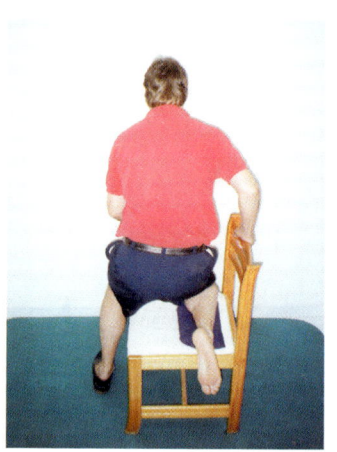

6.8.1.3 Umfassen Sie Ihre Beckenhälfte und stützen sich mit dem anderen Unterarm auf einem Stuhl ab. Der Oberkörper bleibt gerade und ist etwas zur Stuhlseite geneigt. Kippen Sie nun das Becken durch Anspannen Ihrer Bauchmuskeln hoch und kontrollieren diese Bewegung mit der linken Hand. Nun verlagern Sie das Gewicht nach vorne, indem Sie das rechte Knie weiter anbeugen. Jetzt spüren Sie die Dehnung in Ihrer Leiste. 15 – 30 Sekunden.

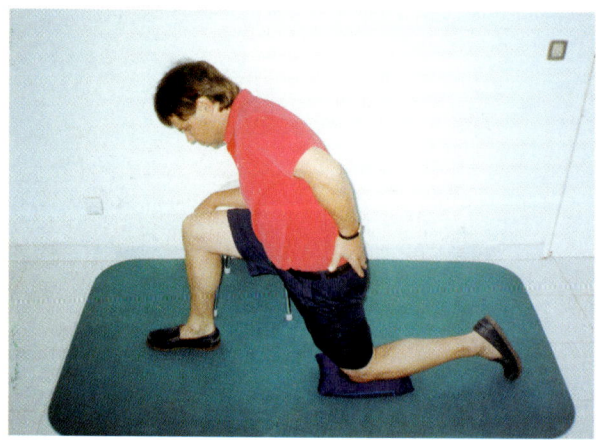

6.8.2 Adduktoren- und Leistenzerrungen

Adduktorenzerrungen sind gekennzeichnet durch Schmerzen an der inneren Oberschenkelseite, die bis in die Leiste hineinziehen. Diese Muskeln unterliegen bei Golfern besonderen Belastungen und sind häufig schmerzhaft verspannt. Die hier gezeigten Übungen dehnen sowohl die kurzen und langen Adduktoren als auch die hinteren Oberschenkelmuskeln (hamstrings). Eine weitere Übung wurde bereits im Dehnprogramm gezeigt (Übung Nr. 3.2.13).

a) Sie liegen mit Ihrem Gesäß möglichst nah an einer Wand und legen die Beine senkrecht nach oben, bis Sie eine Dehnung der hinteren Oberschenkelmuskulatur spüren. Treten in dieser Position keine Rückenbeschwerden auf, entspannen Sie sich nun für 1 Minute.

b) Lassen Sie nun beide Beine nach außen in eine Grätschstellung gleiten. Achten Sie darauf, daß bei dieser Bewegung Ihre Knie nicht nach außen gedreht werden. Spüren Sie eine angenehme Dehnung an der inneren Seite der Oberschenkel, behalten Sie diese Position 30 Sekunden bei.

c) Bringen Sie nun die Fußsohlen zusammen und drücken beide Knie 30 Sekunden nach außen. Wiederholen Sie speziell diese Übung 4 – 5 mal.

6.8.3 Waden- und Fußmuskeln

Die Waden- u.Fußmuskulatur ist beim Golfen besonderen Belastungen ausgesetzt. Achillessehnenreizungen sind nicht selten Folge einer chronischen Überlastung der Wadenmuskeln. Gezielte Dehnungen, Eisabreibungen und physiotherapeutische Anwendungen bringen hier Erleichterung. Verkrampfungen der kleinen Fußmuskeln können mit einer wohltuenden Massage der Fußmuskeln auf einem Tennisball gelindert werden. Bei ständigen Fußproblemen ist Wert auf besonders bequemes Schuhwerk zu legen. Spezialeinlagen mittels individuell angefertigter Fußabdrücke und von einem Fachmann angelegte Tapeverbände geben weitere Hilfen.

6.8.3.1 Stützen Sie sich mit beiden Händen gut auf einer Stuhllehne ab. Während das linke Knie gebeugt bleibt, strecken Sie das rechte Bein gerade nach hinten heraus. Versuchen Sie nun, vorsichtig mit der gesamten Fußsohle Bodenkontakt aufzunehmen und diese Dehnung stufenweise zu steigern. Dehnen Sie auf keinen Fall ruckweise (mindestens 15 Sekunden).

6.8.3.2 Sitzen Sie bequem auf einem Stuhl und umfassen den schmerzenden Fuß oberhalb der Knöchel. Mit der anderen Hand biegen Sie alle Zehen so gut wie möglich ab, so daß Sie die Dehnung der Muskeln auf dem Fußrücken und der Vorderseite Ihres Unterschenkels spüren.

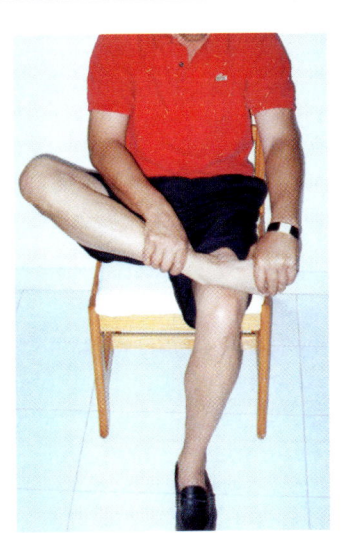

6.8.3.3 Massieren Sie Ihre Fußsohlenmuskulatur, indem Sie den Fuß über einen Tennisball rollen.

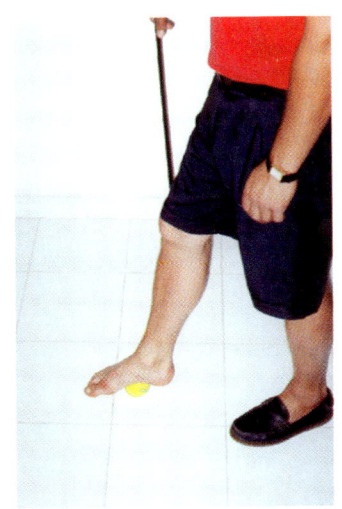

7. Die Golfapotheke

Besonders auf Reisen treten mitunter Probleme auf, die einen Golfurlaub erheblich beeinträchtigen können. Sprachschwierigkeiten und mangelnde ärztliche Versorgung im Ausland führen oft dazu, daß Verletzungen zu spät erkannt und behandelt werden. Eine einfache Verstauchung am Wochenende ohne sofortige unterstützende Behandlung kann unangenehme, lang andauernde Nachwirkungen haben. Bei Schwellungen und Schmerzen sind in vielen Fällen Sofortmaßnahmen am Unfallort ratsam. Auch einfache Situationen wie z. B. das Auftreten von Blasen bei neuen Golfschuhen können zu unangenehmen Begleiterscheinungen führen. Aus diesen Gründen empfehlen wir, im Golfbag stets eine kleine „Notapotheke" mit geeignetem Material für Sofortmaßnahmen bei sich zu führen. Die Grundausstattung sollte bestehen aus:

1. Heftpflaster und Klebestreifen
2. Kühlgel oder Eisspray
3. Wundspray zur Desinfektion
4. Mückensalbe oder Tinktur für Feuchtgebiete
5. ein kleines Fläschchen Alkohol
6. Sonnenschutzmittel

Bei Verstauchungen und Zerrungen sollte grundsätzlich eine sofortige Behandlung mit Kälte erfolgen. Dieses bekämpft neben den Schmerzen auch vorbeugend Schwellungen im Gelenk. Selbst angelegte Verbände bewirken bei falscher Technik oft das Gegenteil und können zudem Schnürspuren hinterlassen. Eine einfach durchzuführende Maßnahme gegen Schwellungen ist dagegen eine Kompression mit einem in kaltem Wasser getränkten und ausgedrückten Schwamm. Blasen an Fingern und Füßen sollten nicht geöffnet werden. Schon beim Auftreten von Druckschmerzen empfiehlt sich ein Pflasterstreifen, der fest auf der Haut klebt.

Wundsprays haben bei kleineren Schürfwunden den Vorteil, einen Schutzfilm zu bilden und die Gefahr einer späteren Infektionsbildung einzugrenzen. Zeckenbisse können zur Übertragung von lebensgefährlichen Krankheiten führen. Das Tier sollte in keinem Fall einfach aus der Haut gerissen, sondern mit Alkohol erstickt werden. Es fällt dann von selbst, ab und der Kopf bleibt nicht im Gewebe stecken.

Hier ein praktisches Beispiel zum Thema Erstversorgung:
Ein Golfer mit einer leichten Fußverstauchung und relativ geringen Schmerzen kam nach 9 Loch in unsere in der Nähe des Clubhauses

gelegene Praxis. Nach einer kurzen Inspektion konnten wir feststellen, daß es sich um keine schwerwiegende Verletzung handelte, schlugen jedoch vor, das Spiel abzubrechen und die bereits erwähnten Sofort-maßnahmen einzuleiten. Der Golfer äußerte das Vorhaben, sein Spiel fortzusetzen und ihn stattdessen später zu behandeln. Am Abend war die Schwellung bereits so weit fortgeschritten, daß er zu einer mehr-tägigen Ruhepause gezwungen war.

Bei Sportunfällen gilt grundsätzlich die PECH – Regel:
Pause Eis Compression Hochlagern

Nach dem Spiel kann bei nicht schwerwiegenden Verletzungen (leichte Zerrungen und Verstauchungen, Sehnenreizungen) eine wei-tere, vom Betroffenen durchgeführte Versorgung stattfinden. Zunächst sollte das betroffene Gelenk in eine schmerzarme Hochlagerung gebracht werden. Eine kontinuierliche mehrstündige Kühlung durch kalte Umschläge, Eiswürfelabreibungen oder Eisgelpackungen, die um das Gelenk gewickelt werden, führt meistens zu einer Linderung der Schmerzen und Zurückbildung der Schwellung. Kälteanwendun-gen, die eine vorübergehende Besserung bringen, sollten nicht zu früh beendet werden, da eine Schwellung erneut in kürzester Zeit auftreten kann. Bei allen Eisanwendungen ist unbedingt darauf zu achten, daß die Kälteeinwirkung nicht zu groß ist, da sonst Verbrennungen auf der Haut entstehen können. Das Unterlegen eines Tuches ist bei empfind-licher Haut ratsam. Nach einer 10-minütigen Kühlung mit einer Eispackung sollte zunächst eine Pause erfolgen.

Auch kann von einem Fachmann ein Kompressions- oder Tape-verband angepaßt werden, der in den darauffolgenden Tagen die Stabilität des Gelenkes auch bei Belastung sichert. Es erübrigt sich, darauf hinzuweisen, daß bei einem Fortbestehen der Schmerzen von mehr als 24 Stunden der Rat eines Arztes eingeholt werden sollte.

Muskelverspannungen treten nach Fehl- oder Überbelastung auf. Sie sollten zunächst mit Wärmeanwendungen behandelt werden. Nach einer Ruhepause in entlastender Position können dann die Dehnungen durchgeführt werden, die in unserem physiotherapeu-tischen Übungsprogramm ausführlich beschrieben wurden. Auch wärmeerzeugende Präparate und Sportsalben bringen Linderung. Ein heißes Bad oder das Auflegen eines mit heißem Wasser erwärm-ten Handtuches kann ebenfalls eine gute Wirkung erzielen.

8. Weitere nützliche Tips und Verhaltensweisen

8.1 Bekleidung

Eine richtige Bekleidung kann wesentlich dazu beitragen, Ihren Sport unter optimalen Bedingungen auszuüben. Da es wegen der längeren Spieldauer von bis zu 6 Stunden (mit Vorbereitung) häufig zu deutlichen Schwankungen der Außentemperaturen und Witterungsbedingungen kommt, empfiehlt es sich, stets zwischen mehreren Kleidungsstücken variieren zu können. Eine zu niedrige Körpertemperatur beeinträchtigt entscheidend die Spielqualität, weil sie die Koordinationsfähigkeit der Muskeln beim Schwung herabsetzt. Jeder weiß, daß ein Auskühlen der Muskulatur während der sportlichen Aktivität auch die Verletzungsgefahr erhöhen kann. Besonders bewährt haben sich windabweisende Westen oder Pullunder, weil sie dem Golfer ein Maximum an Bewegungsfreiheit bieten.

8.2 Dosiertes Training

Der bei weitem höchste Anteil von Golfverletzungen tritt durch mangelnde Vorbereitung und falsch dosiertes Training auf. Besonders nach einer längeren Pause oder Schlechtwetterperiode neigt man dazu, seine körperlichen Fähigkeiten zu überschätzen und spielerische Defizite möglichst schnell auszugleichen. Die Folge sind Überlastungen des Muskel- und Bandapparates an Extremitäten und Wirbelsäule, nicht selten zu Beginn eines Urlaubes. Achten Sie nach längerer Pause unbedingt auf eine richtige Dosierung Ihrer sportlichen Aktivität. Widmen Sie z. B. dem kurzen Spiel und dem Putten mindestens ebensoviel Zeit wie dem Abschlagen von Bällen. Gönnen Sie sich nach jedem Schlag genügend Zeit, um die Muskulatur erneut zu entspannen.

8.3 Richtig Essen und Trinken für „Golfer"

Auch Golfer gehören zu den Sportlern, die durch eine richtige, ausgewogene Ernährung vor, während und nach dem Golfen ihr „Handicap" verbessern können. Noch wichtiger als die richtige Ernährung ist das richtige und ausreichende Trinken.

Vor dem Golfspielen ist der Verzehr von leicht verdaulichen Speisen wie Obst mit Joghurt oder anderen Milchprodukten sinnvoll. Einige Haferflocken oder ungezuckertes Müsli machen dies zur hochwertigen, vollwertigen Golfernahrung. In geeigneten, gut verschließbaren Plastikschüsseln sind solche Mischungen auch bestens während des Sports mitnehm- und verzehrbar. Insgesamt sollte die Nahrung kohlenhydrat-, ballaststoff- und eiweißreich, aber fettarm sein. Der Energieverbrauch bei einer ca. 4-stündigen Golfrunde beträgt mehr als 1500 Kilokalorien.

Gut geeignet für unterwegs ist auch frisches Obst wie Bananen, Äpfel oder Birnen und Gemüse wie Tomaten, Gurkenscheiben, Kohlrabi oder Möhren. Hier ist insbesondere die Banane hervorhebenswert, die ihre Verpackung sozusagen immer dabei hat und durch ihren hohen Kalium- und Magnesiumgehalt eine ideale Sportnahrung ist. Das bewährte Butterbrot ist ebenfalls vorher und während des Golfens gut geeignet. Bevorzugenswert ist ein Vollkornbrot, da die Energie daraus langsam und gleichmäßig freigesetzt wird. Im Gegensatz zu Weiß- oder Graubrot ist Vollkornbrot geradezu ein Aktivitätsbrot, wenn man den Gehalt an Mineralstoffen, Ballaststoffen und Vitaminen betrachtet. Der ideale Belag ist wenig Butter oder Margarine, Salat, Tomaten-/Gurkenscheiben, Schinken, magere Wurst wie Aspikwurst, Roastbeef, Geflügelwurst oder Käse bis 45 % Fett in der Trockenmasse. Ungeeignet für Sportler sind Schokolade, Süßigkeiten, Müsliriegel, Gebäck oder Kuchen.

Nach dem Sport tankt ein großer Rohkostsalat mit beispielsweise Joghurtsoße, eine große Portion Obstsalat oder eine große Portion Gemüse mit Kartoffeln, Vollkornreis oder Vollkornnudeln an leichten mediterranen Soßen und ergänzt mit Seefisch, Geflügel oder magerem Fleisch die Energie- und Vitalstofftanks wieder auf.

Wer sich sportlich betätigt, gerät oft ins Schwitzen. Die Höhe des Flüssigkeitsverlustes hängt neben der Intensität der Bewegung von Temperatur, Bekleidung, Dauer und Trainingszustand ab. Der Flüssigkeitsverlust nach einer Stunde Golfen liegt auch bei gemäßigter Temperatur bei 0,5 bis 1 Liter. In südlichen Ländern, bei direkter Sonneneinstrahlung, liegt der Verlust bei mindestens 1 bis 2 Litern pro Stunde. Mit dem Schweiß geht aber nicht nur Wasser verloren, auch wichtige Elektrolyte (Mineralstoffe und Spurenelemente) werden ausgeschwitzt. Flüssigkeitsdefizit und Elektrolytverlust wirken sich negativ auf die Leistungsfähigkeit aus. Eine ausreichende und regelmäßige Flüssigkeitszufuhr vor, während und nach dem Sport ist aus gesundheitlichen Gründen und zur Vermeidung von Leistungstiefs unentbehrlich. Natrium, Zink, Magnesium und Kalium sind die Mineralstoffe, die hier mengenmäßig am stärksten betroffen sind. Sportdrinks und sogenannte isotone Spezialgetränke sind überflüssig. Der ideale Sportdrink ist nach Einschätzung führender Sportwissenschaftler eine Saft-Mineralwasserschorle. Das Mischungsverhältnis ist idealstenfalls 1 : 3 (entspricht 100 ml Apfelsaft und 300 ml Mineralwasser). Die Saftschorle ist natriumarm. Der Natriumbedarf wird aber leicht über ein Schinkenbrot während des Golfens gedeckt.

Stündlich sollte während des Golfens mindestens 1/2 Liter Saft-Mineralwasserschorle getrunken werden. Gut geeignet sind stille Wässer und nicht zu säurereiche Fruchtsäfte. Als Mischungsgrundlagen sollten nur Säfte, nicht aber Fruchtnektare oder extrem zuckerreiche und vitalstoffarme Fruchtsaftgetränke Verwendung finden. Anstatt eines stillen Mineralwassers kann auch ein Heilwasser verwandt werden, das noch mehr Mineralstoffe und Spurenelemente enthält als Mineralwasser. Der Mineralstoffgehalt ist auf dem Flaschenetikett angegeben. Vor dem Golfen ist eine Flüssigkeitsmenge von 1 Liter anzuraten und nach dem Golfen ebenfalls. Völlig ungeeignet sind Cola-Getränke, gezuckerte Limonaden und Alkoholika jeder Art. Nach dem Golf ist auch eine Mischung aus 1 Teil gesäuerter Milchprodukte wie Buttermilch oder Kefir bzw. entrahmter Milch und 1 Teil Obst oder Obstsaft im Mixer zum Shake verarbeitet zu empfehlen. Der zusätzliche Trinkbedarf liegt bei 2 Litern, wobei kalorienfreie Getränke wie Mineralwasser, Heilwasser, Früchtetee, Tee und Kaffee auch von Golfern bevorzugt werden sollten.

Von Sven-David Müller
TROPHOS GmbH

Eigene Übungen:

Eigene Übungen: